부자들의 상상력

부자들의 상상력

부는 창의적인 것이다

● 장순욱 지음

살림Biz

프롤로그: 빌 게이츠와 정주영은 무엇이 닮았나? · 8

Dream
배를 만드는 기술보다 바다를 동경하는 마음 · 19

꿈, 기쁨이자 고통 / 꿈, 남들은 비웃는 뜨거운 열망 / 이룰 수 없는 꿈 vs. 이루지 못한 꿈 / 꿈과 현실의 경계 / 어제 꿈꾼 사람이 오늘의 부자다 / 꿈은 시간의 마술 / 세상은 꿈꾸는 만큼만 보인다 / 꿈은 길을 찾는 적외선 망원경 / 무한한 잠재력을 깨운다 / 쓰는 상상보다 버는 상상을 하라 / 열정을 담을 수 있어야 한다 / 상상력엔 귀천이 없다 / 꿈의 부적을 만들자

★ 내 목표에 한계는 없다

Adventure
부를 만드는 보이지 않는 창조자 · 53

고양이 목에 방울 달기 / 역사를 만든 용기 / 울타리 뛰어넘기 / 도전, 즐거운 습관 / 꿈이 클수록 도전도 크다 / 도전은 긍정적 중독 / 도전은 상식과의 싸움이다 / 원하지 않는 도전에 맞서라 / 도전은 선택사항이 아니다 / 브레이크와 액셀러레이터, 무엇을 밟을 것인가 / 칼은 칼집에 있을 때 가장 무섭다 / 너무 늦은 시간은 없다 / 작은 것부터 시작하라 / 무모한 도전이 만든 묘한 성공

★ 스트레스로 건강해지기

| 차 례 |

3 Non-neglect
성공을 만드는 핵심 영양소 · 85

부자의 99%는 200% 부지런했다 / 부지런함, 좌절에도 게을러지지 않는 것 / 불편한 것이 편하다 / 보훈료와 비만율의 반비례 / 인생을 두 배로 사는 법 / 모르는 것이 약이다 / 끝이 보이는 모래성 / 사기꾼과 사기 꿈 / 부지런하면 굶어죽지 않는다 / 21세기, 속도와 부지런함 / 해도 안 되나봐 vs. 노력이 부족했어 / 디테일에 강하다 / 2인분 인생을 살다

★ 흥부전 뒤집어 보기

4 Trust
돈 이상의 가치를 만드는 관계 · 119

천국의 길, 지옥의 길 / 신뢰와 배신의 이중주 / 신뢰는 받는 것이 아니라 주는 것 / 사회의 부가 2대 8인 이유 / 신뢰는 사회에 대한 믿음 / 닥터는 닥터를 알아본다 / 중국인들이 해외에서 성공하는 이유 / 신뢰, 조직의 제1 원칙 / 신뢰 없인 벌어도 못 벌어도 망한다 / 약속, 신뢰의 다른 이름

★ 죄수의 딜레마

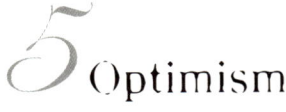
Optimism
지는 해는 반드시 다시 뜬다 · 149

부자들은 늘 운이 좋다 / 머피의 법칙 vs. 샐리의 법칙 / 세상은 아수라 백작이다 / 긍정은 위기의 순간에 빛난다 / 무너진 하늘에도 솟아날 구멍은 있다 / 에스키모에게 냉장고를 파는 힘 / 긍정은 암을 이긴다 / 긍정은 나에 대한 믿음 / 반응을 통제하라 / 성공은 실패보다 한 번 더 많은 것

★ Never say Never

Restrain
만원의 가치만큼 소중한 일원의 가치 · 175

45%는 엄지 손가락에 달렸다 / 절제 브레이크를 밟는 예술 / 참을 인자 셋이면 부자가 된다 / 절제, 가을을 기다리는 기술 / 채권업자의 판단 기준 / 아침형 인간은 저녁이 만든다 / 에쿠스를 타도 지하철 두정거장은 걷는다 / 재벌 2세를 부러워할 필요 없는 이유 / 목계 같은 부자 / 절제, 단터들의 저녁식사

★ 많이 버는 사람들의 조금 쓰는 습관

Share
나눔은 나누기가 아니라 곱하기다 · 207

살인자 노벨이 존경받는 이유 / 백리를 가는 사람과 천리를 가는 사람 / 평범한 젊은 부자들, 욘족

★ 노블레스 오블리주

DANTOR
부자가 될 수밖에 없는 사람 · 221

상상 이상의 흔실 / 꿈 / 도전 / 부지런함 / 신뢰 / 긍정 / 절제

에필로그: 눈은 가슴 속으로 · 232

| 프 롤 로 그 |

빌 게이츠와 정주영은 무엇이 닮았나?

프랜차이즈는 전국에서 동일한 서비스를 제공한다. 도미노 피자, 블루 클럽 등이 여기에 속한다. 그런데 같은 상품을 팔아도 어딘 잘 되고 어딘 망한다. 똑같은 일의 결과가 정반대다.

물론 점포 위치나 유동인구, 경쟁사 유무 등 다양한 요인이 영향을 미친다. 그런데 장사가 정말 안 될 것 같은 곳이 번창하고, 잘 될 것 같던 곳이 망하는 사례도 허다하다. 프랜차이즈 컨설턴트들은 그 원인을 '사람'에서 찾는다.

재미있는 이야기 또 하나. 부자의 사업 업종은 미용사, 식당 주인 등 다양하다. 더불어 재테크 방법도 가지각색이다. 『목욕탕에서 만난 백만장자』란 책은 도입부에서 이런 현실을 '에쿠스 모는 떡집 주인', '빌딩 몇 개 보유한 구두닦이' 등의 예로 통찰한다. 이런 맥락에서 지금 내가 하고 있는 일 안에서는 설사 그것이 구두 닦이일지라도 부자가 될 수 있다.

그런데 업종과 학력이 다양해도 부자가 된 이들 사이엔 공통점이 있다. 그 공통분모는 같은 일을 해도 '누구는 돈을 벌고, 누구는 까먹는' 든 차이를 만든다. 그것이 바로 단터다. 그렇다면 구체적으로 단터는 무엇일까.

예를 하나 들어보자. 빌게이츠와 정주영은 돈을 벌었던 분야와 방식, 시대가 다르다. 더 나아가 빌 게이츠는 비록 중퇴지만 세계 최고 하버드더 출신이고 정주영은 초등학교 정도만 졸업했다.

그러나 그들 자서전엔 같은 말이 등장한다. '생각의 속도'에서 빌 게이츠는 "실패를 통해 배우고, 그것을 토대로 지속적인 향상에 노력하는 것이 성공 열쇠"라고 주장한다. 더불어 그는 "크게 성공하려면 큰 모험을 무릅쓸 필요가 있다"고 강조한다.

고 정주영 현대그룹 명예 회장의 책 '시련은 있어도 실패는 없다' 첫 머리엔 "나는 특별한 사람이 아니다. 다만 확고한 신념과 불굴의 노력으로 열심히 살아갈 뿐"이라고 말한다.

결국 둘은 자신에 대해 크게 성공할 운명의 특별 존재가 아닌 꿈을 갖고 도전하고 노력해 성공한 사람이라고 말하고 있다. 이 말은 곧 누구든 어떤 요소를 갖춘다면 빌 게이츠나 정주영이 될 수 있다는 뜻이기도 하다.

기자시절 봤던 성공한 사람들도 표현 방식과 어휘는 달랐지만 같은 말을 했다. 무엇인가 부자들 사이에 공통점이 있는 것이다. 더불어 그것은 타고난 것이 아닌 살며 체득한 것이란 점이다. 그 공통점이 바로 단터다.

사실 기자란 직업이 갖는 장점은 젊은 시절 성공한 사람을 많이 만나 그들의 이야기를 들어 볼 수 있다는 것이다. 그런 점에서 이 책은 젊은 시절 기자란 직업이 필자에게 준 행운의 선물일 수 있다.

단터의 질문: 당신은 몇 단이세요?

그렇다면 단터는 무엇일까. 남자라면 어릴 때 혹은 군대에서 태권도를 배워본 경험이 있을 것이다. '급(級)'에서 출발해 경지에 오르면 '단(段)'이 된다. 태권도 유단자면 어깨에 힘도 들어간다.

그 단은 영어 사전에도 나온다. 사전에 따르면 '단(DAN)'은 태권도, 유도 등의 단을 뜻한다. '단터'는 여기에 사람을 말하는 접미어 'TOR'가 붙은 것이다. 방문객(VISITOR)나, 배우(ACTOR)와 비슷한 맥락이다. 물론 단(DAN)과 달리 단터

(DANTOR)는 사전에 없다. 이 책에서 처음 만들어진 말이다. 직역 하자면 극단자 정도가 되겠다.

'단터'가 나온 것은 우연 같은 필연이다. 지난 수년간 여러 가지 이유에서 부자의 삶을 추적했다. 그러면서 그들 사이에 공통분모가 있다는 걸 알게 됐다.

사실 그 분모는 뽑아내고자 하는 노력의 산물이 아니다. 반복된 만남에서 점차 선명하게 드러난 것이다.

예컨대 동전 위에 하얀색 종이를 대고 연필을 그어 새겨본 경험이 있을 것이다. 한번 그으면 동전의 윤곽이 잘 나타나지 않는다. 그러나 반복하면 종이 밑 동전 모양이 선명해진다.

단터의 발견도 유사했다. 처음 머릿속은 백지였다. 한 차례 부자와의 만남은 연필을 한번 긋는 일이었다. 그것이 수백차례 반복되면서 드디어 윤곽이 잡혔다.

우선 부자들이 갖는 공통 요소가 하나씩 들어왔다. 그리고 이것은 꿈(Dream), 도전(Adventure), 근면(Non-neglect), 신뢰(Trust), 긍정(Optimism), 절제(Restrain)로 요약됐다. 부자들은 꿈을 갖고 도전하며 이를 위해 부지런히 노력했던 것이다. 더불어 삶의 가치로 그들은 신뢰, 긍정, 절제를 중시한다.

그 뒤 영화 트랜스포머의 로봇이 접혀 자동차가 되듯 6가지 영양소는 하나의 단어를 향해 달렸다. 그것이 바로 단터다. 이미 눈치를 챘겠지만 단터는 6가지 요소의 영어 앞 글자를 따 만든 말이다.

여기에 나눔(Share)을 뜻하는 'S'가 붙으면 단터 스페셜이 된다. 부자 중의 부자는 나눔을 실천해 본인은 존경받고 사회는 행복해지도록 만드는 사람이다.

이긴 뒤 전쟁에 나가라

육손이 쓴 손자병법엔 허를 찌르는 역설적 표현이 많다. 그중 하나가 군형(軍形)편의 '승리하는 군대는 이긴 후 전쟁에 나서고, 지는 군대는 싸우고 승리를 구한다'(勝兵先勝而后求戰, 敗兵先戰而后求勝)는 말이다.

언뜻 이해가 안 된다. 싸움의 승패란 결과로 판가름 나기 때문이다. 해보기전 누구도 알 수 없는 게 전쟁일 수 있다. 그런데 손자는 정반대다. 일단 이겨 놓고 싸우란 것이다. 즉 시작 전에 승패를 결정하란 말이다.

이 말이 진실인 이유는 준비물 챙기지 않고 조급히 나서는 경우가 많기 때문이다. 의외로 역사 속엔 병장기 혹은 군량이 부실하거나, 사기가 떨어졌을 때 출전해 패한 경우가 허다하다. 분노를 이기지 못한 조급함이나 대충해도 너희쯤은 이길 수 있다는 오만함이 부실한 출전을 재촉하기도 한다. '잘 되겠지'란 막연한 기대감은 늘 허무한 패배로 이어진다.

부자의 길도 마찬가지다. 준비물을 모르거나 챙기지 않고 길을 떠나는 경우가 많다. 그런데 시장엔 늘 준비된 자들이 있기에 이들은 백전백패다. 물론 저지른 뒤 시행착오를 수습하며 이길 수도 있다. 그러나 그만큼 많은 대가를 지불해야 한다.

경영 철학자 짐 론은 그래서 "백만장자가 된다는 것은 어려운 일이 아니다. 그리고 백만장자가 된다는 것 자체는 중요한 일이 아니다"면서 "백만장자가 되기 위해 가장 중요한 일은 먼저 백만달러의 부를 쌓을 수밖에 없는 사람이 되는 것"이라고 말한다.

부자가 되기 위해 가장 중요한 것은 돈을 벌 수 밖에 없는 조건을 갖추는 일이다. 단터를 이해하고 실천해야 하는 이유가 여기 있다. 그 훈련만 된다면 언제 어디서나 부자가 될 수 있다. 비록 내가 시간 당 5천원 받는 아르바이트생일지라도, 월급 100만원의 비정규직일지라도 단터가 될 자질을 갖춘다면 미래는 그들 편이다. 단터는 이긴 뒤 전쟁에 나서는 '승자의 길'인 셈이다.

부자는 자신이 원하는 걸 성취한 사람이다. 그러나 그들은 결코 특별히 운이 좋거나 잘 난 사람이 아니다. 다만 '꿈을 꾸고, 도전하고, 노력하고, 믿고, 긍정하고, 절제하는' 원칙을 지켰기 때문에 그들은 부자가 됐다.

상상력을 발휘한 미운 원숭이

찰스 다윈에 따르면 인간은 유인원에서 진화했다. 그렇다면 왜 원숭이가 생각하는 이성을 갖춘 인류가 됐을까? 이에 대해 생물학 교과서는 '정확히 알 수 없다'거나 '자연스럽게' 혹은 '우연히'란 부사어를 사용해 설명한다. 즉 원숭이가 인간이 되긴 했으나 그 이유는 정확히 알 수 없다는 것이다.

사실 먼 옛날 인간 조상인 원숭이는 더 힘세고 빠른 다른 동물에 비해 열등했다. 오히려 원숭이는 오랫동안 언젠가 소리 없이 사라질 종처럼 보였다. 특히나 인간의 친척인 유인원은 원숭이 안에서도 더 열등했다. 작고 재빠른 개미원숭이나 울음원숭이는 왕성하게 번식하며 수천 마리씩 가지에서 가지로 옮겨 다니며 세를 과시한 반면에 크고 둔했던 거대 유인원은 점점 더 많이 죽어 사라졌다. 그들 가운데 오랑우탄, 고릴라, 침팬지 3종만이 오늘까지 살아남는데 성공했다. 그렇다면 게으르고 열등한 유인원이 어떻게 지구를 지배하는 존재가 됐을까? 바로 그들이 상상력을 가졌기 때문이다. 상상으로 꿈을 꾼 유인원 무리가 이에 도전하고 노력해 인간이 된 것이다. 꿈을 꾼 원숭이는 호랑이 보다 용맹하지도 않고, 치타보다도 빠르지 않았지만 사실상 지구를 장악하는 기적을 일으켰다.

그들의 꿈은 마음껏 초원을 걷고 싶다는 것이다. 맹수가 두려워 접근 못하던 초원을 마음껏 다니는 상상이 그의 머릿속에 생긴 것이다. 그는 밀림의 나무위에서 내려와 초원을 지배하는 자신을 상상한다. 그 누구의 눈치도 보지 않고, 다른 동물의 위협 없이 초원을 자연스럽게 다니는 자신을 꿈꾼 것이다.

Dream

배를 만드는 기술보다
바다를 동경하는 마음

"만약 배를 짓고 싶다면 북을 쳐서 남자들을 불러 모아, 목재를 마련하고 임무를 부여하고 일을 나누어주는 것이 아니라, 그들에게 무한히 넓은 바다에 대한 동경을 심어주어라."

― 생텍쥐페리

배를 만드는 기술보다
바다를 동경하는 마음

꿈, 기쁨이자 고통

두 그룹이 꿈으로 행복하다. 첫째는 원하는 것을 이뤘거나 근접한 사람들이고, 둘째는 포기한 이들이다.

꿈을 이룬 이들의 행복은 당연하다. 그런데 단념한 자들이 행복한 것은 언뜻 이상하다. 하지만 포기하면 모든 것이 여유로 다가온다. 부자의 꿈도 같다. 이뤄도 기쁘지만 단념해도 여백이 남는다.

그렇다고 포기한 사람이 완전히 이를 지운 것은 아니다. 그

랬다면 '안빈낙도'를 즐기는 선비고, 세속을 초월한 선승일 것이다. 99%의 사람들이 부자가 되길 바라지만, 그들 중 상당수는 그 꿈이 도달할 수 없는 것이라 생각하고 포기하는 것이다. 또 꿈을 좇다 불행해진 경우를 머릿속에 담으며 '이룰 수 없는 꿈은 독'이라고 스스로를 달랜다.

따라서 꿈에 관한 대리만족이 이들의 최대치다. 박지성이 거액을 받고 해외로 진출하거나 박세리가 우승하는 걸보며 즐거워한다. 물론 배 아파 하는 사람도 있다.

그렇다면 포기하지 않는 사람에게 꿈은 무엇일까? 행복이자 고통이다. 이뤄지지 않은 미래의 가능성이 꿈이기 때문이다. 이루고 싶은 미래와 다다르지 못한 현실의 괴리는 고통을 수반한다.

예컨대 난 부자가 돼 좋은 집에서 살고 싶지만, 가난하고 보잘것없는 현실은 암담하다. 공부 잘해 의대에 가 돈 많이 벌고 싶지만 현실은 녹록치 않다. 보통의 남자가 미스코리아 뺨치는 미모의 여성과 결혼을 꿈꾸는 것도 이와 같다. 마찬가지로 우리나라의 낮은 행복지수도 꿈과 현실이 만든 차이에 그 원인이 있다. 특히 현실과 꿈의 괴리가 클수록 정신적 갈등은 커진다.

영화 〈달콤한 인생〉의 마지막엔 주연 이병헌의 독백이 나온다. 이른 새벽, 꿈에서 깨 슬피 우는 제자에게 스승이 혹시 무섭거나 슬픈 꿈을 꾸었는지 묻는다. 그러나 제자는 반대로 '달콤한 꿈'을 꾸었다고 답한다. 의아해하며 우는 이유를 재차 묻자, 제자는 "그 꿈은 이뤄질 수 없기 때문"이라고 말한다.

직접 들어보면 가슴을 울리는 명대사다. 그리고 영화는 끝난다. 그 뒤 아침이 밝아오면 제자는 눈물을 닦고 꿈을 잊은 채 다시 현실로 돌아갈 것이다. 마찬가지로 많은 사람도 꿈에 대해 가끔 생각하지만, 마음이 불편해지며 현실로 돌아온다. 결국 꿈을 포기하고 '나 주제에…'라고 말하거나, '이 정도면 됐지 뭐'라는 식으로 자신을 합리화한다.

그렇다면, 만일 고 정주영 현대그룹 명예회장이 달콤한 꿈 때문에 우는 제자를 봤다면 뭐라 말했을까?

"시도는 해봤어? 징징 짤 힘 있으면 우선 가서 해봐!"

분위기 깨는 말 같지만, 대부분 부자는 이처럼 말한다. 꿈을 꾸면 이뤄질 수 있고 시련은 있어도 실패는 없다고 단언하는 것이 많은 단타의 철학이다.

꿈은 당장 이뤄질 수 없는 것을 가슴속 열정으로 품는 것이기에 불편함일 수 있다. 그러나 부자는 그 불편함을 견디며 꿈을 이루는 사람이다. 그들의 행복은 꿈의 포기가 아닌 성취에 있다. 그래서 꿈은 부자의 거친 출발이자 아련한 고향이다.

꿈, 남들은 비웃는 뜨거운 열망

꿈을 꾼다는 것은 따라서 '되면 좋겠는데…' 정도의 생각이 아닌, 부자를 뜨겁게 갈망하는 것이다. 더 나아가 목숨을 걸 정도의 불덩이를 가슴에 품는 일이다.

"부자가 되고 싶지만 돈 많은 부모도 없고, 재주도 없고…"라고 생각하는 것은 꿈이 아니다. 뜨거운 열망이 에너지를 만들고, 그 에너지로 원하는 바를 이루려는 열정을 만드는 것이 꿈을 꾸는 것이다.

이런 열망은 그래서 조소와 비아냥거림의 대상이 되기도 한다. "네가 그걸 할 수 있겠어?", "너무 허황된 거 아냐?" 이런 말을 듣는 것이다.

사실 많은 단터는 자신의 꿈이 한때 조롱거리가 되는 경험을 한다. 때로는 '가당치 않은 환상에 사로잡힌 사기꾼'으로 몰리기도 한다. 어쩌면 꿈을 꾸는 사람이 처음 마주치는 벽은 이 같은 사회적 평가일 수 있다.

빌 게이츠는 지금부터 30년 전, 모든 가정이 한 대 이상의 컴퓨터를 갖는 세상을 꿈꾸며 그 안에 자신의 운영체제를 집어넣겠다는 목표를 세운다. 지금 이것은 너무나 당연한 이야기. 그러나 성공에 대한 아무런 보장도 없던 시절, 대부분의 사람들은 그를 비웃었다.

　델 컴퓨터의 마이클 델 회장은 대학 시절 학교 공부보다 친구들 컴퓨터를 업그레이드해주는 돈벌이에 더 열심이었다. 기숙사 방에 틀어박혀 컴퓨터와 씨름했던 그는 당연히 학교 성적이 좋지 않았다.

　그 사실을 안 아버지는 델의 기숙사를 찾아와 "컴퓨터를 당장 내다 버리고 공부에 열중하라"라고 꾸짖는다. 그런데 델은 너무도 진지한 얼굴로 "IBM과 싸워 이길 거예요!"라고 말한다. 아버지는 가당치 않은 말을 하는 아들이 기도 차지 않았다. 혹시 저러다 정신병원에 가는 건 아닌지 걱정이 들었을 수도 있다. 그러나 델은 그의 꿈대로 개인용 컴퓨터에서 IBM을 앞섰다.

　사실 꿈을 꾸는 것도 힘든데, 주변에서 가당치 않다며 말리면 마음은 더 불편해진다. 그러나 단터는 남들이 조소할 만한 꿈을 꾸면서, 그들의 조롱을 열망으로 극복한다. 그래서 그들은 남들보다 조금 더 큰 꿈을 꾼다.

　자기 계발의 최고 전문가 데일 카네기가 말한 것처럼 사실 사람들의 가장 큰 약점은 "바라는 게 적다는 것이고, 적은 것에서 쉽게 만족한다는 것"이다. 그래서 카네기는 "더 높고 더 큰 기대가 우리들의 굳은 신조여야 한다"라며 "희망을 크게 하고 이상을 높게 들라"라고 외친다. 기업 분석가이자 컨설턴트인 짐 콜린스 역시 '뻔뻔하리만큼 대담한 목표'를 가져야 한다고 말한다.

꿈을 꾼다는 것은 비록 지금은 없지만 언젠가 반드시 이루겠다는 열망이다. 부자가 되고 싶다면 부자의 꿈을 꾸고 부자가 된 내 모습을 상상하라. 그 누구에게 이야기할 필요는 없다. '쓸데없는 꿈'이라는 비아냥거림을 들을 수도 있기 때문이다. 그러나 그 열망을 머릿속 가득히 담고 있어야 한다.

이룰 수 없는 꿈 vs. 이루지 못한 꿈

꿈에 대한 벽은 높다. 계급사회가 아닌데도 사람들은 자신이 오를 수 있는 한계가 있다고 생각한다. 송충이는 솔잎을 먹어야 한다는 속담은 그래서 여전히 유효하다. 다른 잎을 먹겠다는 꿈은 목숨을 빼앗을 수 있다는 경고가 그 안에 있다.

'대학도 못 나와 어떻게 그런 일을!' 우리가 쉽게 접하는 벽이다. 좋은 대학 졸업자는 반대편 벽에 서 있다. '대학 나온 사람이 무슨 그런 일을!' 심심치 않게 우리 사회를 떠도는 말이다. 꿈을 위해선 이런 편견과 싸워야 한다.

사실 이룰 수 있는 꿈과 없는 꿈의 구분은 상식과도 같다. 그래서 '부자 되는 법'에 관한 책에도 나온다. 베스트셀러 『한국의 부자들』에는 이것이 눈 가린 낙관론과 눈 뜬 낙관론이라는 모습으로 등장한다.

책에 따르면 눈 가린 낙관론자는 대개 허황된 꿈을 좇는다. "이 사업은 삼성전자 부럽지 않은 아이템이라고 주장하는 사람들이 이런 부류"라는 것이 책의 설명이다. 더불어 이 책은 이런 낙관론엔 근거가 없다고 말한다.

이와 구분되는 눈 뜬 낙관론은 '공상이 배제된 것'으로서, "냉혹한 현실에 기반을 둔 가정과 추론, 그런 다음 행동으로 이어진 것"이다.

그러나 냉혹한 현실에 논리적 근거를 둔 것이라면 상상력인 수 없다. 상상력은 그것을 넘어서기 때문이다. 지금 내가 갈 수 없기에 꿈이고, 이런 맥락에서 꿈은 완벽한 공상이자 상상력의 산물이다.

더불어 우리 눈앞에 펼쳐진 현실은 사실 과거 누군가의 허황된 공상에서 출발했다. 비행기는 하늘을 날겠다는 말 같지도 않은 상상이 그 출발이다.

결국 노력해 이룰 수 없는 꿈은 없다. 인간의 가능성이 무한하기 때문이다. 예컨대 로미오와 줄리엣의 사랑은 이뤄지지 못했을 뿐, 이룰 수 없는 꿈은 아니었다. 세상 모든 꿈이 이와 같다. 이미 이룬 것과, 아직 이루지 못한 것, 언젠가 이뤄질 것의 구분이 있을 뿐이다.

따라서 이룰 수 없는 꿈에 대한 관념은 사라져야 한다. '설마 되겠어'라는 생각도 버려야 한다. '분수를 알라'라는 충고 때문에 포기했던 꿈은 다시 살아나야 한다. 더 나아가 새로 꺼낸 것보다 더 큰 상상력을 꿈꿔야 한다.

상상력은 공부 잘하고 집안 좋은 사람만 가질 수 있는 것이 아니다. 미래에 대한 희망이 있다면 누구든 소유할 수 있다. 세상이 공평한 건 모두가 같은 액수의 돈을 갖고 있어서가 아니다. 누구나 꿈을 가질 수 있기 때문이다.

가슴속이 뜨거운 열망으로 타오른다면 신은 그것을 허락한다. 상상하는 모든 것을 이룰 수 있다는 믿음에서 그 첫걸음이 시작된다.

꿈과 현실의 경계

때로는 꿈과 현실의 경계가 모호한 사람이 있다. 거짓말 같은 꿈을 마치 현실처럼 말하는 경우다. 본인조차 거짓말을 진실처럼 믿는다. 예컨대 자신의 학력을 속이면서, 속인다는 생각까지 버리는 것이다. 사실 그래야만 제대로 된 거짓말을 할 수 있다. 그런데 그 묘한 상황이, 때로는 현실로 끌어올려진다.

동화의 아버지로 불리는 안데르센은 가난한 구두 수선공의 아들로 태어난다. 하지만 그는 자신이 원래 귀족 자제였으나 실수로 수선공의 아들이 됐다고 믿는다. 거짓이지만, 이를 진실로 받아들인다.

하루는 자신이 좋아하는 소녀에게 아름다운 집을 상상한 그림을 그려 '나의 성'이라고 말하며, 그곳에 취직시켜주겠다고 호언한다. 이 말을 들은 소녀는 안데르센을 정신이 나간 사람으로 취급했다.

그는 꿈만 꾸지 않았다. 자신을 끌어올리고 싶은 욕망이 마음속에서 머리를 치켜들었기에 그는 꿈을 현실로 만들려 애썼다. 안데르센은 어린 시절 귀족만이 등록하는 교회를 찾아가 교육을 받고 싶다고 말했다. 주변사람들은 '허영심에 사로잡혀 있다'라며 안데르센을 비웃었다. 그러나 그는 자신의 꿈을 이루기 위해 '나는 잘못 태어난 귀족의 자제다'라는 몽상 속에서 이를 견뎠다.

결국 안데르센은 피나는 노력을 통해 '동화의 아버지'라는 명칭을 얻었다. 더불어 왕과 사적으로 차를 마시며 사귈수 있는 최고의 귀족만이 누릴 수 있는 영예를 얻었다. 자신에 대한 묘한 몽상이 결국 현실이 된 것이다.

그래서 그가 쓴 『미운 오리 새끼』는 자전적 이야기다. 즉 오리 둥지에 잘못 들어간 백조가 바로 안데르센이었던 것이다. 그는 죽는 순간까지도 자신이 구두 수선공 집에 잘못 들어간 귀족이라고 믿는다.

만일 누군가 "난 재벌의 아들로 예정돼 있었는데, 실수로 바뀌어 태어났다"라고 이야기한다고 가정해보자. 더 나아가 내가 그런 주장을 했다고 상상해보자. 주변의 반응은 뻔하다. 심지어 어머니조차도 그런 아들을 향해 "내가 너를 낳고 미역국 먹었다는 게 한심스럽다"라는 푸념을 하실지도 모른다. 일반 사람들에게는 어처구니없는 생각이지만, 안데르센은 이런 상상력으로 역사에 이름을 남긴다.

어제 꿈꾼 사람이 오늘의 부자다

우리가 오늘 갖고 있는 모든 것은 과거 누군가의 상상이었다. 좀더 빨리 이동하고 싶은 상상이 말을 조련시켰고, 증기 기차를 발명했으며, 비행기를 만들었다. 그리고 그 상상은 오늘도 이어지고 있다. 사람들은 더 빠른 비행기와 기차를 만들기 위해 지금 이 시간에도 노력하고 있다.

그래서 상상은 미래도 창조한다. '좀더 빠르게'의 꿈은 한국에서 미국까지 두 시간 만에 날아갈 수 있는 비행기를 또 KTX보다 더 빠른 기차가 철로 위를 달리게 할 것이다.

인간이 '빠름'에 지쳐 '느림'을 상상한다면, 그것을 만족시키는 현실도 만들어질 수 있다. 예컨대 하늘이 아닌 바다 위로 천천히 미국까지 가는 여객선도 등장할 수 있다.

아메리카 대륙의 발견 역시 새로운 인도 항로를 개척하겠다는 꿈에서 시작되었다. 수백 년 전 인디언만이 살았던 문명의 불모지가 지금의 미국 땅이다. 세상 모든 것은 변하고 부자도 변한다. 그 변화의 출발에 바로 꿈이 있다.

내일의 부자도 마찬가지다. 오늘 부자인 사람이 내일도 그 자리에 계속 있으리라는 보장은 결코 없다. 이는 수천 년 역사가 증명한 절대 사실이다. 지금부터 1,000년 전 부자였던 집안이 오늘도 부자인 경우는 없다. 결국 내일 부자는 오늘 그 꿈을 꾸는 사람이 차지할 것이다.

따라서 상상력은 투자가 되는 출발이다. 상상하지 않는 사람은 미래에 부자가 될 수 없다. 사실 우리의 오늘을 상상하게 한 건 영혼의 명령이다. 모든 건물이 설계도를 바탕으로 만들어지듯, 눈에 보이는 모든 것은 눈에 보이지 않는 상상에서 출발한다.

꿈은 시간의 마술

마술사는 허름한 옷차림인 사람을 기합 소리 한 번으로 귀공자로 바꾼다. 또 돌덩이는 금덩이가 된다. 사람들은 그런 마술 같은 힘을 동경한다. 그런데 꿈꾸는 사람은 예비 마술사다. 그것도 눈속임이 아닌 진짜 마술을 부리는 것이다.

다만 마술사와 다른 점은 '시간'이라는 첨가물이 요구된다는 것이다. 100년 전의 광화문 모습이 담긴 필름 뒤에 현재 모습이 담긴 영상을 이어 붙여보자. 그리고 필름을 돌리며 '광화문 변해라 얍' 하고 주문을 외워보라. 짧은 순간, 100년 전 초가들은 수십층의 빌딩들로 바뀐다.

사실 100년 전과 비교하면 오늘은 모든 것이 마술 같다. 서울에서 부산까지 하늘을 날아 한 시간에 가는 축지법을 쓰고, 걸어 다니며 사람과 대화하는 텔레파시(휴대전화)를 사용한다. 100년 전 조상들이 본다면 까무러칠 일들이 아무렇지 않게 일어나고 있는 것이다.

그런데 꿈을 꾼다면 모든 사람은 이처럼 마술 같은 변화를 만들 수 있다. 3,000만 원 전세방에 살면서 지하철을 타고 다니는 사람도 커다란 아파트에 사는 기적 같은 변신을 할 수 있다.

물론 '얍' 하는 주문과 함께 내일 당장 변할 수는 없다. 그러나 꿈을 꾸고 노력하면 10년 뒤 그 꿈은 현실이 된다. 이런 맥락에서 꿈은 마술이고, 꿈꾸는 자는 마술사다.

상상한 것이 정말 거짓말처럼 현실이 되는 것, 이것이 바로 피그말리온 효과이다. 피그말리온 효과는 그리스 신화에 나오는 조각가 피그말리온의 이름에서 유래했다. 그는 아름다운 여인상을 조각하고 그 여인을 마치 살아 있는 사람처럼 사랑하게 된다. 이에 여신 아프로디테는 그의 사랑에 감동하여 여인상에 생명을 불어넣는다. 이처럼 믿고, 믿고 또 믿으면 현실이 되는 것이 피그말리온 효과이다. 상상은 이뤄진다.

세상은 꿈꾸는 만큼단 보인다

어릴 때 시골 동네에 오락실이 있었다. 당시 새로운 게임이 등장해서 선풍적 인기를 끌었다. 많은 아이들이 아침부터 그 오락에 매달렸다.

그런데 10만 점을 넘기가 어려웠다. 그러자 아이들은 "오락기 회사가 10만 점 못 넘게 만들었을 거야. 그래야 오락실이 돈을 벌거든"이라는 말을 자주했다. 그러면 "맞아, 어른들은 나빠!"라고 구경하던 친구들은 맞장구를 쳤다. 10만 점은 꿈꾸기 어려운 벽이었다.

그런데 어느 날 서울에서 온 한 아이가 가뿐히 10만 점을 넘었다. 시골 아이들 눈이 토끼처럼 휘둥그레졌다. 서울 아이는 시골 소년들의 존경을 한 몸에 받았다.

그런데 그 뒤 이상한 일이 벌어졌다. 10만 점 넘는 걸 본 다른 아이들도 가뿐히 그 수준을 넘는 것이었다. 꿈꾸지 못할 점수가 이젠 넘지 못하면 '게임 좀 하는 놈' 축에 못 끼는 것이 됐다.

서울 아이가 대단한 기술을 전수해서가 아니다. 10만 점을 넘을 수 있다는 생각이 변화를 만들었다. 서울 아이가 했던 "우리 동네에선 10만 점 다 넘어"라는 말이 시골 아이들의 자존심을 자극했던 것이다.

유사한 이야기가 육상의 역사에도 있다. 지금으로부터 불과 반세기 전까지, 인간이 1마일(약 1,609m)을 4분 안에 주파하는 것은 불가능하다고 여겨졌다. 그런데 이 거대한 벽은

1954년 5월 6일 로저 베니스터라는 인물에 의해 깨졌고, 이 소식은 전 세계 신문의 1면을 장식했다. 놀라운 것은 이로부터 6주 후에 또 한 명이 '마의 4분' 주자에 이름을 올렸다는 사실이다.

장벽이 깨진 1년 뒤엔 무려 37명이 4분벽을 뚫었다. 그 다음해에 숫자는 300명으로 늘었다. 수천 년간 인간이 넘지 못할 한계라 여기던, 보이지 않는 4분의 저항선이 사라지자 정복자들이 물밀 듯 나타난 것이다.

결국 상상하는 만큼 현실은 만들어진다. 10만 점을 넘을 수 없다고, 4분벽을 깰 수 없다고 생각하는 사람에게 그 일은 불가능하다. 꿈을 꾸지 않거나 자기 능력을 부정하면 잠재력은 결코 계발되지 않기 대문이다. 더불어 자신에게 제한적 능력밖에 없다고 믿으면 그 정도밖에 오르지 못한다. 자신을 스스로 평가 절하하면 능력보다 헐값으로 스스로를 판매하게 된다.

그러나 할 수 있다고 믿으면 현실이 된다. 부자의 꿈도 크게 다르지 않다. 부자가 될 수 있다고 상상하면 가능해진다. 그러나 꿈이 없다면 불가능하다.

비참한 것은 내가 안 된다는 생각에 머물러 있을 때, 꿈을 꾼 누군가가 그 자리를 차지해버린다는 것이다. 예전 사람들은 다리가 짧은 신체 구조상 우리 선수가 피겨 스케이팅에서 세계적 수준에 올라가기는 어렵다고 말했다. 그러나 우린 지금 김연아라는 선수를 갖고 있다. 모두 안 된다고 생각할 때 꿈을 꾼 이들은 이를 현실로 만든다.

100미터나 200미터 단거리에서 보폭이 작은 동양 선수가 서양이나 아프리카 선수를 따라잡는 건 불가능하다고 사람들은 말한다. 그러나 꿈꾸는 사람이 있다면 이는 결코 불가능이 될 수 없다. 상상만 하면 그것은 언젠가 현실이 되기 때문이다.

꿈은 길을 찾는 적외선 망원경

그렇다면 상상력은 어떻게 평범한 사람을 부자로 만들까. 꿈이라는 프리즘으로 세상을 보면 길이 눈에 들어온다. 부자가 되겠다는 꿈을 믿으면 불현듯 방법이 시야에 선명해진다. 휴가 나온 군인은 가끔 길거리가 온통 군복으로 가득하다는 착각에 빠진다. 그만큼 군복 입은 이들이 눈에 쉽게 잡힌다. 그래서 병사들은 자주 "길에 온통 군인밖에 없다!"라는 말을 한다.

그런데 제대하고 1~2년이 지나면, 그 많던 길거리의 군인들은 감쪽같이 사라진다. 휴가 장병의 규모는 변하지 않았지만 관심이 멀어져 눈에 들어오지 않는 것이다. 그러다 자식이 군대에 가면 다시 그들이 눈에 들어온다.

세상 모든 것이 이와 같다. 차에 관심이 있다면 '차'가 나타나고, 옷에 쏠리면 '옷'이 내 앞에 다가온다. 세상은 내가 보고 싶어하는 것만을 보게끔 돼 있다. 그런 면에서 세상은 결코 객관적이지 않다.

꿈도 마찬가지다. 내가 꿈을 꾼다면 그 방법이 다가오고, 그렇지 않으면 사라진다. 더 나아가 부정적이라면 장벽만 나타난다. 그래서 길과 방법을 만드는 것은 꿈이다.

부자가 된 뒤 재선 국회의원까지 했던 분이 있다. 그는 공직자 재산신고 당시 신고액이 수백억 원이 넘어, 당시 국회의원 부자 순위 3위를 차지했다. 사람들은 그를 '에스키모에게 냉장고도 팔 사람'이라고 말한다. 수완이 좋았던 것이다. 그렇다고 말이 유창한 것도 아니다. 다만 그는 그 누구보다 강렬한 꿈이 있었기에 늘 길을 찾을 수 있었던 것이다.

부모님이 장남이고 공부도 잘했던 형에게 모든 재산을 물려주는 바람에 그는 무일푼으로 사회 생활을 시작했다. 그러나 재산의 적음을 탓하는 대신 그는 꿈을 키웠고, 길을 찾아냈다.

그래서 브라이언 트레이시는 "정성을 다해 믿으면 현실이 된다"라고 주장한다. 믿음이 자신과 일치하는 정보를 거르는 필터 역할을 하기 때문이다. 세상은 내가 꿈을 꾸는 만큼 이뤄진다.

무한한 잠재력을 깨운다

꿈은 또 인간의 무한한 잠재력을 깨운다. 끝없는 에너지의 원천이기 때문이다. 따라서 꿈이 있다면 누구나 부자의 능력이 생긴다. 꿈이 보통 사람을 부자로 만드는 둘째 이유다.

그래서 생텍쥐페리는 단 한 척의 배도 만들지 못하던 남자들이 꿈을 꾸는 순간 슈퍼맨이 된다고 말한다. 꿈을 꾸면 인간의 무한한 잠재력이 기지개를 편다. 따라서 꿈이 생길 경우 사람은 어렵게 생각하던 시험에 통과하고, 불가능하던 금연도 하게 된다. 부자도 마찬가지다. 내가 부자가 되겠다는 꿈을 꾸기 시작하면 이룰 수 있는 무한의 에너지가 솟아난다.

그래서 부의 법칙을 쓴 캐서린 폰더는 "반드시 부자가 될 수 있다는 생각을 의도적으로 하기 시작하면, 그 어떤 사람이나 환경도 신이 준비해놓은 부와 성공을 빼앗지 못한다"라고 주장한다.

이런 꿈의 변화를 몸소 체험한 사람이 부자다. 그래서 그들은 "나는 특별한 사람이 아니었다"라는 말을 자주 한다. 앞서 본 빌 게이츠나 고 정주영 회장도 마찬가지다. 그렇다면 그들은 왜 이런 말을 할까.

평범한 자신이 특별하게 변했기 때문이다. 즉 꿈을 상상한다면 '보통 사람'은 누구나 '특별한 에너지'를 뿜어내는 것을 몸으로 체험한 것이다. 이런 맥락에서 보통 사람은 모두 특별하고, 특별한 사람은 모두 보통이다.

지난 1968년 하버드 대학교 사회심리학 교수인 로버트 로젠탈은 미 샌프란시스코 한 초등학교 전교생의 지능을 조사했다. 이후 결과와 상관없이 아무렇게나 20% 정도 학생을 뽑아 '지적 능력이나 학업성취 향상 가능성이 높은 그룹'이라고 통보했다. 8개월 후 이전과 같은 검사를 했는데, 명단 속 학생들이 다른 그룹보다 평균 점수도 높았고 성적도 크게 향상됐다. 믿음이 현실이 된 것이다. 인간이 무한한 잠재력을 갖고 있기에 나타난 현상이다.

따라서 잠재력에 대한 신뢰는 단터와 보통 사람을 구분하는 기준이다. 보통 사람은 잠재력에 회의적이고, 단터는 잠재력을 믿는다. 꿈을 꾸기 시작하면 자신 안에서 기적 같은 변화가 일어난다는 사실을 단터는 전율하는 희열로 경험했기 때문이다. 반면에 그런 경험이 없는 보통 사람은 이에 회의적이다.

따라서 보통 사람의 경우, 인간 능력의 무한함을 '꿈 같은 이야기'라며 부정적으로 생각하는 경우가 많다. 또 부자도 타고난 무엇이 있어야만 될 수 있다고 믿는다. 따라서 그들에게 정주영, 빌 게이츠는 보통 사람과 다른 특별한 인물이다.

Dream 배를 만드는 기술보다 바다를 동경하는 마음

쓰는 상상보다 버는 상상을 하라

보통 사람은 '부자' 하면 돈을 펑펑 쓰는 이미지를 떠올린다. 더불어 돈을 쓰기 위해 부자가 되고 싶어한다. 원하는 옷도 마음껏 사고, 산해진미를 즐기며 좋은 집에서 편안히 사는 것이 부자가 되고 싶은 이유다.

로또 광고는 이를 정확히 이해하고 활용한다. 그래서 로또 광고의 평범한 남자 주인공은 늘 좋은 집과 음식에 행복한 웃음을 짓는다. 그리고 그렇게 사는 것이 부자의 인생이라고 보통 사람은 생각한다.

그러나 진짜 부자가 된 사람은 다른 꿈을 꾸었던 경우가 많다. 돈을 쓰는 꿈이 아닌 모으는 꿈이다. 그들에겐 돈 자체가 목적이다. 펑펑 쓰는 삶이 꿈이고 돈은 이를 위한 수단인 경우와는 다르다.

그래서 건축업으로 돈을 번 한 분은 "쓰는 것이 아닌 버는 재미에 빠져야 부자가 될 수 있다"라며, "돈 자체가 목적이어야지, 많이 쓰기 위한 수단이 되어서는 안 된다"라고 말한다. 그는 지금도 통장 잔액에 '0'이 하나 더 붙는 상상을 한다. 10억 원인 은행 예금이 100억 원이 되는 상상을 하는 것이다.

그는 그 상상을 어떻게 이룰지에 대해 천진난만한 아이처럼 이야기한다. 그러다 "그렇게 벌어 어디다 쓰시게요?"라고 물으면, 갑자기 우물쭈물해진다. 쓴다는 생각을 많이 하지 않았기 때문이다. 물론 그도 고급차를 몰고 좋은 집에 산다. 그러나 그는 고급차를 위해 돈을 벌지 않았으며, 집도 투자 목적을 염두에 둔 구매다.

그래서 『부자아빠 가난한 아빠』의 로버트 기요사키는 "돈을 필요로 하지 않아야 돈을 벌수 있다"라고 말한다.

이렇게 말하면 '쓰지 않고 모으기만 하면 무슨 재미가 있나'라는 반론이 나올 수도 있다. 그러나 부자는 버는 재미가 쓰는 재미보다 낫다고 말한다. 종로에 큰 음식점을 갖고 있는 어느 사장님은 번 돈을 즐기며 살 것을 누군가 권유하면, "그러게요, 그런데 이거 도대체 너무 바빠서 돈 쓸 시간이 없네요"라고 웃으며 대답한다.

사실 돈을 쓰겠다고 나서면 못 쓸 이유는 전혀 없다. 가게는 다른 사람에게 맡기고, 본인은 골프장이나 해외여행을 다니면 된다. 그러나 그는 결코 그런 일에서 재미를 느끼지 못한다. 더 나아가 시간과 돈이 아깝다는 생각만 가득 차오른다. 오히려 금전출납부에 쌓이는 만 원짜리 지폐가 행복을 준다. 그는 바빠서 돈 쓸 시간이 없는 것이 아니라 버는 재미에 빠져 쓰질 못하는 것이다.

이런 모습은 으리으리한 집에 살며 외제차를 몰고 산해진미를 즐기는 부자의 이미지와 다를 수 있다. 오히려 크리스마스 캐럴에 나오는 스크루지 영감을 닮았을 수 있다. 실제 그런 면이 있는 부자들도 수두룩하다. 이처럼 부자가 되고자 한다면 쓰는 것이 아닌 버는 상상을 해야 하고, 그 재미에 빠져야 한다.

열정을 담을 수 있어야 한다

멈춰선 시계는 그래도 하루 두 번 정확히 시간을 맞힌다. 그러나 5분 늦게 가는 시계는 늘 실제 시각을 따라가기만 한다. 마찬가지로 묵묵히 나의 꿈을 꾸며 부지런히 가는 자는 준비된 상태에서 기회를 잡을 수 있다. 반면에 조급한 마음에 시류를 좇게 되면 다른 이의 뒤만 따를 가능성이 높다.

예전 삼성그룹 최고 계열사는 삼성물산이었다. 대졸자가 선망하는 직장 1위도 이곳이었다. 필자가 아는 어떤 분도 전자공학과 졸업 후 삼성에 입사, 전자 대신 물산에 들어가 가전제품 수출을 담당했다. 남들이 모두 물산이 좋다고 해서 물산을 선택한 것이다. 그러나 삼성전자가 가장 각광받는 계열사로 떠오른 지금, 그분은 후회 속에 살고 있다. 전자에 간 동기 중엔 회사 임원이 돼 연봉이 수억 원 되는 경우도 있다고 한다. 십수 년 만에 생긴 변화다.

따라서 꿈을 꾼다는 것은 정말 내가 하고 싶은 일을 하는 것이기도 하다. 연예인은 지금부터 수십 년 전 모든 사람이 말리는 직업이었다. 우리나라 최고 가수인 조용필도 마찬가지 시대를 살았다. 그러나 그는 주변의 만류에도 불구하고 좋아하는 노래를 업으로 삼았고, 결국 꿈도 이루고 돈도 벌었다.

지금은 연예인이 좋다고, 큰 돈을 벌 수 있다고 많은 젊은이들이 너도나도 뛰어든다. 조용필이 살던 시대와 반대지만 본질은 같다. 꿈이 아닌 흐름을 따르는 사람이 많은 것이다.

사회적으로 당장 인정받지 못해도 내가 꿈꾸는 길을 가면 언젠가 기회가 반갑게 온다. 인생과 삶은 살아 있는 생물 같아 늘 변하기 때문이다. 따라서 어제 인정받지 못하던 것이 오늘 인정받고, 오늘 천시 받던 일은 내일 인정받는다. 앞으로 20년 뒤엔 또 무엇이 시대를 지배할지 아무도 알 수 없다.

예전에 신문활용교육(NIE)에 열심이던 선배 기자가 있었다. 신문으로 학생들의 글쓰기 실력, 논리적 생각을 가르치는 것이 신문활용교육이다. 사실 많은 기자가 꺼려하는 일이다. 취재하고 기사 쓰는 본업과 거리가 있기 때문이다. 그런데 그 분은 그 일에 자신의 꿈을 담았다.

그러다 논술이 중요해지면서 갑작스레 몸값이 뛰었다. 준비된 논술 전문가였기 때문이다. 반면에 그 길을 꺼려했던 많은 동료들은 나이 들어 물러난 뒤 갈 곳이 없어 헤매고 있다.

많은 이들이 돈이 된다고 말하는 분야를 무작정 따라다는 것보다, 내가 꿈꾸는 분야에 머물러 있는 것이 성공의 길이다.

상상력엔 귀천이 없다

버려야 할 또 다른 한 가지가, 하찮은 일은 부자를 못 만든다는 생각이다. 구멍가게나 야채가게를 하면 먹고는 살지만 부자는 될 수 없다고 사람들은 생각한다. 그러나 부자가 되는 걸 막는 것은 일이 아닌 생각이다. 즉 부자의 꿈을 꾸는지 여부다.

총각네 야채가게로 성공한 이영석 씨를 보자. 사실 보통 사람들은 가락동 농수산물시장 도매상도 아닌, 아파트 단지 과일가게가 큰 돈을 버는 부자를 만들 수 있다고 생각하기 어렵다. 그러나 그는 그 가게에서 부자가 되는 상상을 했다.

서울의 한 아파트 단지에서 호떡과 어묵을 팔아 수십억을 번 분이 있다. 그는 다른 사람이 천 원에 두 개 팔 때 세 개씩 만들어 팔았다. 장사 하는 곳은 목이 좋지 않았으나, 싸고 맛좋은 호떡은 불티나게 팔렸다.

따라서 그분은 결코 손님이 많고 적음으로 호떡 만드는 속도를 조절하지 않는다. 무조건 빠른 놀림으로 많이 만든다. 그러면 어느새 호떡은 다 팔린다.

호떡 장사는 일확천금은 아니지만 그에게 종자돈을 모으게 했다. 더불어 그는 호떡을 팔면서 고객인 부동산 중개인, 주민들에게 주변 부동산에 관한 정보도 파악했다. 그러다 1997년 금융위기로 주택 가격이 떨어지자 그는 주변 아파트 몇 채를 구입했다. 이후 아파트 가격은 크게 올랐고, 호떡집 주인은 부자의 반열에 오른다.

내가 있는 곳이 부자의 꿈을 꿀 수 없다는 생각에 체념해선 안 된다. 내가 하는 일이 설사 야채가게고 포장마차여도, 그 안에서 부자가 될 수 있다.

사실 대부분의 부자는 작게 시작해서 크게 키웠다. 우리나라 호텔업계 거물로 불리는 한 분은 동대문 조그만 여관에서 출발, 호텔과 골프장을 여럿 거느린 재벌이 됐다. 허름한 여관에서 시작했지만 숙박업 제왕의 꿈을 키웠던 것이다.

색채의 마술사로 불리는 베네통은 어린 나이에 부모를 여읜 소년가장이 돼 고등학교 진학을 포기했다. 대신에 먹고 살기 위해 양복점 점원이 됐고, 그 안에서 세계 최고의 의류 브랜드를 상상했다. 결국 그는 전 세계에 이름을 날린 톱 브랜드를 만들었다.

사람들은 블루오션을 다른 이들이 생각지 못한 신사업분야로만 생각한다. 그러나 블루오션은 이처럼 '쿨' 하고 멋진 곳에만 있는 건 아니다. 야채가게나 호떡집처럼 낡았다고 포기한 곳에도 블루오션은 있다.

지난 1997년 금융위기 당시 많은 기업이 부도가 났다. 목재업을 하던 K씨 역시 회사가 휘청거렸다. 그러면서 주변에선 '사양산업'인 목재업에서 손을 놓으라고 권했다. 그러나 그는 시대 조류를 따르지 않았다. 기초가 부실했던 경쟁 회사의 부도를 보면서, 그는 몇 년만 더 견디면 경쟁자가 줄어드는 좋은 시절이 올 것으로 판단했다.

수년 뒤 경쟁업체가 확 줄어든 상태에서 그는 더 안정적으로 사업을 할 수 있었다. 목재의 수요 역시 줄었지만, 금융위기와 사양산업이라는 인식이 더 빠른 속도로 경쟁자를 사라지게 만든 것이다. 조금만 꿈을 꾸고 창의적으로 생각하면 남들이 보지 못한 블루오션을 찾을 수 있다. 이런 맥락에서 블루오션은 새로운 사업뿐 아니라 경쟁자 없는 곳을 뜻하기도 한다. 오히려 꿈을 꿀 수 있다면 남들이 포기한 곳에서 더 큰 시장을 찾을 수도 있다.

결국 부자가 되기 위한 출발점은 지금 무엇을 하느냐가 아닌, 꿈을 꾸느냐 안 꾸느냐에 있다. 꿈이 있다면 야채가게도 포장마차도 마술 같이 변한다.

야채가게가 아니더라도 사람들은 의외로 지금 자기가 일하는 분야의 사업 전망을 밝게 보지 않는다. 직장인의 경우에도 회사에서 배운 것으로는 독립해도 할 일이 없다고 굳게 믿는다. 더불어 잘나가는 직종에 있는 사람을 부러워한다. 그런데 많은 이들이 잘나간다고 생각하는 직종에 있는 사람과 대화를 해봐도, 똑같이 자기 길에 비전이 없다고 고민하는 경우가 많다. 결국 꿈을 방해하는 것은 '일'이 아닌 '생각'들이다. 안 된다는 생각을 걷어내는 순간 길은 나온다.

꿈의 부적을 만들자

사람들은 '부적'을 미신적 행위로 생각하고 비과학적이라고 말한다. 그러나 꿈이 마술을 부리듯, 부적도 큰일을 하는 경우가 있다. 물론 용한 점쟁이가 적어준 것일 필요는 없다. 내가 직접 손으로 만들면 된다. 꿈을 종이에 적어보는 것이다. 그러면 그 꿈의 메모는 부적처럼 원하는 바를 이룰 수 있도록 해준다.

따라서 꿈을 키웠다면 당연히 이것을 종이에 적어야 한다. 목표가 무엇이고 어떻게 이를 달성할지 써보는 것이다. 메모는 잘 보이는 벽에 붙일 수도 있고, 보물 상자에 담아 서랍에 보관해도 된다. 그 뒤 힘들고 어려울 때마다 꺼내보는 것이다.

따라서 종이에 목표를 적는 것은 꿈을 가슴에 새기는 행동이다. 그리고 이것은 "원하는 것이 이뤄졌으면 좋겠다"라는 희망을 넘어, 정말 가슴 깊은 곳에서 열망하기 시작한다는 것이다. 그것이 가슴에 남아 있을 때 전 우주는 이를 향한 에너지를 만들기 시작한다.

더불어 꿈에 대한 믿음을 강하게 하기 위해 성공한 자신의 모습을 상상해야 한다. 직원이 1,000명이 넘는 기업의 최고경영자가 된 내 모습을 상상해보라. 20층짜리 빌딩의 주인이 된 모습을 상상해보라. 돈에 대한 부담 없이 여유 있고 풍요롭게 살아가는 노후를 상상해보라.

터미네이터로 유명한 아널드 슈워제네거는 무명이었던 지난 1976년 한 지방언론과 인터뷰를 했다. 그때 그는 자신의 목표를 '할리우드 최고 스타가 되는 것'이라고 밝혔다. 그를 인터뷰했던 기자는 코웃음을 쳤다. 풋내기 무명배우의 말이 허황됐기 때문이다.

기자는 비웃음과 함께 스타가 되기 위해 어떤 노력을 하느냐고 되묻는다. 슈워제네거는 "원하는 모습을 상상하며 이미 다 이룬 것처럼 사는 거지요"라고 대답한다. 기자는 그에 대해 허황된 착각 속에 빠져 사는 사람이라고 결론을 내린다.

그러나 그는 결국 할리우드 최고 스타로 부와 명성을 거머쥐었다. 그리고 그는 더 큰 꿈을 상상하며 현재 캘리포니아 주지사로 활동하고 있다. 그는 아마도 지금 미국의 대통령이 된 상상을 하며 살고 있을지 모른다.

산을 오르는 일은 힘이 든다. 그런데 그 고통을 이기게 해주는 것은 정상에 섰을 때 느끼는 쾌감에 대한 상상이다. 꿈을 향해 가는 내 삶의 고통을 이기는 방법 역시 성공한 모습을 늘 머릿속에 그려보는 것이다.

내 목표에 한계는 없다

목표가 인생에 끼치는 영향에 대한 유명한 자료가 하버드 대에 있다고 한다. 지능지수(IQ)와 학력, 자라온 환경이 비슷한 사람을 대상으로 한 실험 과정에서 발견한 사실이다.

조사 대상자 가운데 27%는 목표가 없고, 60%는 희미하며, 10%는 단기적 목표를 갖고 있었다. 명확하면서 뚜렷한 목표를 갖고 있는 사람은 3%에 불과했다. 이들의 삶을 25년간 추적 조사한 결과, 재미있는 사실을 발견했다.

명확하고 장기적인 목표가 있던 3%는 25년 후 사회 각계의 최고 인사가 됐다. 대부분 사회의 주도적 위치에서 영향력을 행사하고 있었던 것이다.

단기적 목표를 지녔던 10%에 속한 대부분은 중상위층에 머물렀다. 그들은 단기적 목표의 지속적 달성으로 안정된 생활 기반을 구축했고, 주로 의사, 변호사 등 전문직에 종사하는 경우가 많았다.

목표가 희미했던 60%는 중하위층에 주로 머물렀다. 안정된 환경에서 일하고 있었지만, 앞선 10%만큼 뚜렷한 성공을 거두지는 못한 것으로 밝혀졌다.

그렇다면 목표가 없던 27%는 25년 뒤 어떤 삶을 살고 있었을까? 모두 최하위 수준에 머물러 있었으며, 취업과 실직을 반복하는 비참한 삶을 살고 있었다고 한다. 남과 사회를 원망하면서도 그들이 나서서 구제해주기만을 기다리는 인생을 살고 있었다는 것이다.

이와 비슷한 자료가 또 있다. 1953년 예일 대학교의 한 연구팀이 그해 졸업반 학생을 대상으로, 삶의 목표를 글로 써서 가지고 있는 학생이 얼마나 되는지 조사했다. 그중 단 3%만이 글로 쓴 목표를 갖고 있었다.

20년이 지난 1973년 이들을 대상으로 추적조사가 실시됐다. 그런데 글로 쓴 목표가 있던 3%가 나머지 97%의 재산을 합친 것보다 더 많은 돈을 벌었다는 사실이 확인됐다. 내가 적은 부적의 힘이 얼마나 놀라운지 보여주는 예다.

Adventure 2

부를 만드는
보이지 않는 창조자

"시작과 창조의 모든 행동에 한 가지 기본적인 진리가 있다. 그것은 우리가 진정으로 하겠다는 결단을 내리는 순간부터 하늘도 움직이기 시작한다는 것이다."

– 괴테

부를 만드는 보이지 않는 창조자

도전, 고양이 목에 방울 달기

꿈이 머릿속 생각이라면, 도전은 가슴속 용기다. 따라서 도전은 꿈을 이루겠다는 타오르는 열망이고, 구체적 첫걸음이다. 둘의 관계는 '고양이 목에 방울 달기'라는 우화로 쉽게 이해할 수 있다.

고양이를 견디다 못한 쥐들은 대책 마련에 나선다. 쥐에게 '고양이 퇴치'는 꿈 같은 것이다. 쥐는 '고양이가 없었으면 좋겠다'라는 막연한 생각이 아닌, 완전한 자유를 상상하며 진지한 대책 마련에 나선다.

그런 상상은 길을 만드는 법. 쥐 가운데 한 마리가 '고양이 목에 방울을 달면 된다' 라는 획기적 아이디어를 낸다. 말 그대로 창의력 넘치는 쥐다. 그런데 일제히 박수를 치던 쥐들 가운데 다른 한 마리가 문득 질문한다. "그런데 방울은 누가 달지?"

침묵이 흐르는 가운데 아무도 방울을 달겠다고 나서지 않고, 꿈은 포말처럼 사라진다. 이후 사람들은 '생각은 좋지만 실현이 어려운 일'을 고양이 목에 방울 달기로 빗댄다.

그런데 만일 단터의 능력을 지닌 쥐가 그 자리에 있었다면 어땠을까? 손을 번쩍 들고 '내가 해보겠다!' 라고 나섰을 것이다. 물론 아무도 해본 적이 없기에 성공 여부는 모른다. 자칫 목숨을 잃을 수도 있다. 그러나 도전만이 상상을 현실로 만들 수 있기에 그들은 나선다. 실패에 대한 두려움은 용기로 극복한다.

결국 단터 쥐는 목에 쉽게 달 수 있는 방울을 개발하거나, 고양이가 자는 틈을 이용한 방울 달기 기술을 익혀 목표물을 향해 간다. 그리고 끝내 성공하며 쥐들의 영웅이 될 것이다.

부자의 길 위엔 이 같은 방울 달기 코스가 반드시 있고, 성공 사례도 부지기수다. 라이트 형제가 대표적인 예다. 사실 라이트 형제는 제대로 된 정규교육도 받지 못한 평범한 기술자들이었다. 더불어 그들보다 더 많은 정보와 기술이 있는 전문가도 많았다.

그러나 대다수는 감히 비행기로 하늘을 날 엄두를 못 냈다. 자칫 추락해 죽을 수도 있었기 때문이다. 그러나 라이트 형제는 용기를 내 59초간 260미터를 나는 데 성공했다.

영국의 의사 제임스 심프슨도 마찬가지다. 그는 마취제를 개발했지만 사람에 대한 실험을 할 수 없었다. 따라서 개발만 한 채 10년 가까이 사용을 못 한다. 임상실험을 통해 효능만 입증되면 환자들이 고문당하듯 수술 받을 필요가 없던 상황이었다.

결국 그는 결단을 내린다. 본인이 죽을 각오로 마취제인 클로로포름을 코에 갖다댄다. 몇 시간 후 그는 깊은 잠에서 깨어나듯 일어났고, 걱정스럽게 보던 주변 사람들은 환호한다. 그 뒤 클로로포름은 오늘날까지 가장 널리 사용되는 마취제가 됐다.

라이트 형제나 심프슨뿐 아니라 성공을 통해 부자가 된 대부분의 사람들이 마찬가지다. 그들은 도전 없이 아무것도 얻을 수 없음을 몸으로 입증해온 사람들이다. 결국 꿈을 이루기 위해선 이에 다가가는 도전이 필요하다. 감이 먹고 싶으면 감나무에 올라가야 한다.

이는 곧 꿈을 꾸는 것이 부자가 되는 첫걸음이지만, 꿈만으로 부자가 될 수는 없음을 뜻한다. 도전이 없는 꿈은 그저 비웃음만을 불러온다.

역사를 만든 용기

꿈이 '됐으면 좋겠다'라는 희망과 다르듯, 도전은 '한번 해볼까' 하는 시도와 구분된다. 즉 끓어오르는 열정을 가슴에 품는 것이 꿈이듯, 때로는 목숨도 던질 각오로 나서는 것이 도전이다. 더불어 가끔은 새로운 걸 움켜쥐기 위해 손에 들고 있는 걸 버려야 한다. 내가 발 딛고 있는 곳을 과감히 벗어나는 용기도 필요하다.

그래서 도전은 희열인 동시에 공포다. 새로운 세계를 접하는 기쁨과 서 있는 곳을 떠나는 두려움이 교차하기 때문이다.

권투 챔피언에 맞선 도전자의 기분이 이를 정확히 대변한다. 상대는 세계 최고의 두려운 존재다. 그러나 이기면 그 자리엔 내가 오른다. 생각만 해도 기쁨이다. 그래서 도전자는 두렵지만 링 위에 올라선다.

번지점프대 위에서 느끼는 것도 비슷하다. 공포인 동시에 기쁨이다. 허공을 향한 뛰어내림은 두려움인 동시에 희열이기도 하기에 사람들은 올라서는 것이다.

부자의 길도 같다. 도전이 필요하고, 그 순간 만감이 교차한다. 즉 부자가 되기 위해선 종자돈을 투자해 사업을 하거나, 재테크에 돈을 넣어야 한다. 때로는 잘 다니던 직장도 그만둬야 한다. 그 순간 사람은 번지점프대에 선 기분을 느낀다. 공포와 희열이라는 정반대 기분이 동시에 다가온다.

단터는 그 묘한 쾌감의 매력을 즐기는 사람이다. 빌 게이츠가 미쳤다는 소릴 들으며 하버드대를 때려치고 나왔을 때, 정주영 전 현대그룹 명예회장이 부모님의 온갖 만류에도 불구하고 서울로 도망쳤을 때 느꼈던 것도 이것이다.

결국 도전은 성공의 희열을 위해 두려운 도험에 몸을 던지는 일이다. 더불어 성공한 부자는 도전이 성공의 필수 요소임을 증명하고 있다.

그러나 많은 사람들이 두려움에 질려 도전하지 못한다. 사업을 하고 싶지만 직장을 떠나기 두렵다. 번지점프대에 서더라도 고민 끝에 돌아서는 경우도 수두룩하다.

따라서 두려움과 공포를 이겨낼 용기가 필요하다. 용기는 타인과 맞서 당당히 싸우는 것만을 뜻하지 않는다. 내면의 불안이나 공포에 대적하는 것 역시 용기다.

사실 도전이 100% 성공한다면 용기는 필요 없다. 그러나 성공하는 경우보다는 실패하는 경우가 훨씬 더 많다. 그런 무수한 실패 속에서 사람이 단련되는 것이다. 따라서 도전에 맞설 때의 두려움은 곧 실패에 대한 불안에서 비롯된다.

부자는 결국 두려의하지 않고 도전했으며, 실패에 맞서 이긴 사람이다. 사실 인생은 실패의 연속이고, 성공은 실패라는 주춧돌 위에 올라선 기념비이다. 99번의 실패 위에 쌓인 100번째 도전이 성공이라는 찬란한 빛을 낸다. 미국의 링컨은 주지사를 포함해 수많은 선거에서 패했으나 계속 도전해, 마침내 대통령 선거에서 승리의 기쁨을 맛본다. 실패가 두려워 모험에 나서지 않는다면 부자가 되길 처음부터 포기하는 것이다.

울타리 뛰어넘기

안데르센 동화의 미운 오리 새끼는 주변의 구박을 견디지 못해 울타리를 넘어 야생으로 도망친다. 그런데 '울타리 넘기'는 각도에 따라 백조의 꿈을 위한 도전으로 해석할 수 있다.

사실 구박이 심해도 미운 오리는 울타리의 보호가 필요하다. 울타리 밖 야생은 구박을 넘어 목숨을 앗아갈 수도 있기 때문이다. 구박받아도 버티는 것이 목숨을 지키는 길이다. 사람들이 "더러운 직장 당장 때려치우겠다!"라고 말하지만 선뜻 나서지 않는 것도 마찬가지다. 울타리 넘기가 가져다주는 공포가 크다.

따라서 미운 오리가 용기를 내 울타리를 벗어난 것은 단순히 '구박' 벗어나기가 아니다. 더불어 본능 안에 숨쉬는 백조의 꿈이 크게 작용한 것이다.

이는 곧 미운 오리가 울타리 안에만 있었다견 백조가 될 수 없었을 것이라는 말도 된다. 때가 돼 아무리 커다란 날개가 생겨도 날 수 있다는 생각을 하거나 필요성을 느끼지 못하기 때문이다. 이런 맥락에서 도전이 없다면 뛰어난 능력도 무용지물이다. 펼쳐질 수 있는 자극이 없기 때문이다.

사실 동화를 쓰자면 울타리 안에서 좀더 구박받다 때가 돼 변신하는 설정도 가능하다. 그러나 안데르센은 도전 없이 미운 오리를 백조로 만드는 것에서 부족함을 느꼈으리라. 울타리 넘기는 그래서 등장했을 가능성이 높다.

이에 관한 또 다른 재미있는 이야기가 있다. 어느 날 독수리 알이 어쩌다가 닭의 둥지 안에 떨어졌다. 새끼 독수리는 큰 덩치에도 불구하고 병아리처럼 행동한다. 자신의 다른 모습을 부끄러워하며 '더' 병아리처럼 되려고 노력한다.

그러던 어느 날 하늘 높은 곳에서 독수리 한 마리가 나타난다. 다른 닭들이 기겁을 해 우리로 도망치자, 새끼 독수리도 벌벌 떨며 그들을 따라간다. 그 독수리는 평생 닭으로 살아가게 된다.

이런 맥락에서 야생은 이중적 의미다. 위험하지만 기회도 있다. 호랑이 굴에 가야 호랑이를 잡을 수 있다. 그래서 위기(危機)라는 단어를 이르는 두 글자 중 한 글자는 '위험'을 뜻하고, 다른 하나는 '기회'를 의미한다.

그 울타리를 뛰어넘는 데 필요한 것이 바로 도전정신이고, 이를 불러일으키는 용기다. 이는 미운 오리를 백조로 만든 힘이다.

도전, 즐거운 습관

사람들을 유심히 관찰해보면 도전에 적극적인 사람과 그렇지 않은 사람으로 구분되는 경우가 많다. 단연코 전자의 사람이 부자가 될 확률이 높다.

예전에 한 조촐한 저녁 모임이 있었다. 그 자리에 메뉴로 준비된 것은 세 가지. 스파게티와 햄버거, 그리고 생전 처음 들어본 음식 하나. 모인 사람들은 약속이나 한 듯 스파게티와 햄버거 중 하나를 골랐다. 새로운 것을 시도해 저녁을 망치기보다 안전하게 가자는 생각이었을 것이다.

그런데 그중 한 분이 이름도 이상한 바로 그 메뉴를 용감히 택했다. 그러면서 "햄버거나 스파게티는 이미 먹어본 거잖아"라고 아무렇지 않은 듯 말했다.

그분은 단터의 반열에 올라선 부자는 아니었다. 그러나 그렇게 될 가능성은 그 누구보다 높다. 도전하지 않으면 얻을 수 있는 것이 없다. 도전한 사람은 새로운 음식을 맛보지만, 그렇지 않은 사람은 스파게티나 햄버거를 한 번 더 먹는다. 부자는 그런 경험과 노하우가 쌓여 만들어지는 것이다.

따라서 부자가 된 이들은 그 과정에서도, 이후에도 도전을 즐긴다. 성공을 향한 모험에서 목표 달성이라는 쾌감을 맛봤기 때문이다. 일상의 작은 곳에서도 이들은 늘 도전과 함께 지낸다.

예전에 한적한 시골에서 1박 2일 워크숍이 있었다. 그런데 행사장 건물 주변에 이름표가 있는 항아리가 쭉 놓여 있었다. 항아리에 무엇이 담겼는지, 이름과 전화번호를 왜 적어놨는지 알 수 없는 노릇이었다.

모임엔 에쿠스를 몰고온 나이 지긋한 두 분이 계셨다. 모임 참가자들 가운데 가장 부자였다. 그 둘은 뭔가 통하던지 열심히 대화를 나누다, 기어코 거기 적힌 번호로 전화를 걸었다. 항아리의 용도를 파악하는 일에 도전한 것이다. 결국 그들은 워크숍 장소였던 곳에 위탁해 만든 된장과 고추장이 그 안에 담겨 있음을 알아냈다. 젊은 사람도 보이지 않는 호기심을 그들은 갖고 있었던 것이다.

이처럼 많은 부자는 작은 일에도 끊임없이 호기심을 보이고 도전한다. 이들은 심지어 나이를 먹어도, 큰돈을 벌어드 도전을 즐긴다.

필자가 예전부터 알고 지내던 어떤 분이 있다. 그분은 수년 전 일선에서 은퇴했지만 지금도 바쁘다. 아침 일찍 출근은 하지 않는다. 대신 새벽마다 산에 오른다. 그리고 남는 시간에 하는 것은 새롭게 도전한 영어 공부. 늙은 나이에 시작했기에, 2년째 하루 서너 시간씩 투자하지만 실력은 생각만큼 늘지 않는다. 그러나 늘 도전하는 삶이 즐겁다고 말한다. 그는 "지난 친목회 때 미국에 가서 가이드 없이 손자손녀 선물을 샀다"라며, "영어를 배우지 않았다면 꿈도 못 꾸었을 일"이라고 즐거워한다. 그가 영어 공부에서 찾는 보람이다.

이런 분들이 보통의 경우라면, 올해 63세인 스티브 포셋은 특별하다. 증권업으로 억만장자가 된 포셋은 2002년 사상 처음 기구를 타고 무착륙 세계일주로 화제를 모았다. 또 2005년에는 재급유 없이 혼자 비행기를 몰고 67시간 만에 세계 일주에 성공, 기록 제조기라는 명성이 주어졌다. 지난해에는 자신의 무착륙 비행 기록을 경신하기도 했다.

꿈이 클수록 도전도 크다

성공한 부자들이 보이는 또 다른 특징은, 멈춰도 될 것 같은 순간 깜짝 놀랄 거대한 도전에 나선다는 것이다.

10년 넘게 고생해 자리 잡은 모 업체 사장이 대표적이다. 그는 고생하며 회사 규모도 키웠고, 개인의 브랜드 가치도 높였다. 지금까지 이룬 것에서 멈춰도 크게 무리 없어 보인다.

그런데 그는 100억 원이 넘는 전 재산을 털어 새로운 사업에 나섰다. 더불어 일이 생각처럼 풀리지 않아 현재 고전하고 있다. 너무 무리하는 것 아니냐는 질문에 그는 너무도 태연하게 "끊임없이 도전하며 살았고, 앞으로도 그렇게 할 것"이라고 답한다. 그에겐 실패하는 삶보다 도전하지 않는 인생이 더 두려운 것이다.

그의 도전은 따라서 성공할 것이다. 당장은 실패하더라도 늘 그랬듯이 다시 일어설 것이기 때문이다. 실패하면 그 과정을 재기의 밑거름으로 쓸 테고, 성공하면 또 다른 도전에 나설 것이다. 정말 크게 성공한 부자들이 갖는 모습이다.

이런 맥락에서 꿈이 크다면 도전도 커지고, 그에 비례해 큰 위험을 감수해야 한다. 예컨대 앞서 언급한 호떡집 주인이 더 큰 성공을 위해 프랜차이즈 사업에 나설 수 있을 것이다. 아파트 단지 앞 호떡집에 멈춘다면 평범한 부자이지만, 프랜차이즈에 성공한다면 더 큰 부를 축적할 수 있다.

실제 호떡 장사에서 시작해 거대 프랜차이즈에 성공한 예가 본죽의 김철호 사장이다. 그는 1997년 사업 쿠도로 전 재산을 날린 뒤 생계유지를 위해 호떡 장사를 시작한다. 그러나 양복을 입고 판매하는 등 독특한 마케팅 방식으로 성공해 도약의 발판을 마련한다. 그 뒤 본죽이라는 브랜드로 대학로에 죽 가게를 내 크게 성공한다. 큰 부자는 이처럼 이미 벌어놓은 것을 떨치고 다시 도전에 나서는 사람이다.

도전은 긍정적 중독

사실 어느 정도 궤도에 이르면 '안정'을 생각하는 경우가 많다. 지금까지 번 것으로 충분히 편하게 사는 데 지장이 없으면 멈추는 것이다. 그러나 더 큰 성공을 위해선 끝없이 도전해야 한다. 역사에 이름을 남긴 사람은 어느 순간 혜성처럼 등장하지 않았다. 끝없는 도전을 통해 역경을 뚫고 일어선 사람이 그들이다.

이런 맥락에서 닥터에게 도전은 긍정적 중독이다. 미국의 정신과 의사인 W. 글라써는 "중독이 항상 부정적인 것만은 아니다"라며, "긍정적 중독은 우리를 강하게 만들고, 삶을 더 만족스럽게 할 수 있다"라고 말한다. 그에 따르면 사람이란 원래 태생적으로 중독 가능성이 높다. 따라서 중독 자체를 막는 것보다, 자신과 타인 모두에 도움이 되는 긍정적 중독이 필요하다는 것이 글라써의 주장이다.

그렇다면 도전은 왜 중독적일까? 우선 성공에서 오는 쾌감이 강하기 때문이다. 도전을 통해 성취해본 사람은 그것이 주는 쾌감이 얼마나 큰지 알고 있다. 해보지 않은 일에 몸을 던져 성공했을 때 느끼는 쾌감이 새로운 도전을 찾아 나서게 만든다. 따라서 성공의 쾌감을 기억하는 의식은 끊임없이 새로운 도전을 상상하도록 사람을 채찍질한다.

그러나 무엇보다 새로운 미지에 대한 세계의 경험이 주는 '새로움'이 중독증을 유발한다. 따라서 도전은 설사 실패했더라도 새로움에 대한 경험이라는 쾌감을 준다. 에디슨은 끝없는 실패를 통해 결국 성공하고, 그래서 많은 발명품을 내놓는다. 그는 실패를 '새로운 또 한 번의 경험'이라고 규정한다. 비록 실패했지만 과거엔 몰랐던 새로운 사실을 알게 됐다는 그 쾌감이 도전의 긍정적 중독을 만드는 것이다. 따라서 부자가 되기 위해선 이처럼 긍정적 중독에 빠져야 한다.

도전은 상식과의 싸움이다

미국의 심리학자들이 원숭이 셋을 우리에 가두고 3일간 굶겼다. 그 뒤 천장에 먹음직스런 바나나 한 다발을 달아놓았다. 그러자 원숭이들은 서로 먼저 오르겠다고 다퉜다. 그런데 원숭이들이 바나나에 접근하는 순간, 실험자들은 뜨거운 물을 끼얹었다. 깜짝 놀란 원숭이들은 도망을 쳤다.

그 뒤 실험자들은 원숭이 한 마리를 빼내고 다른 원숭이를 집어넣었다. 아무것도 모르는 신참이 바나나를 향해 가려 할 고참이 기겁을 하며 열심히 무언가 설명한다. 신참은 오르기를 포기한다.

실험자들은 그렇게 차례로 고참 원숭이 세 마리를 모두 교체했다. 이제 누구도 직접 뜨거운 물을 맞아본 경험은 없다. 그러나 바나나에 다가가면 물이 쏟아진다고 생각해, 어떤 원숭이도 감히 접근할 엄두를 내지 못했다. 뜨거운 물이 이제 상식이 된 것이다. 실험자들이 뜨거운 물을 갖고 있지 않아도 상황은 마찬가지다.

인간 세상에도 이런 상식이 많다. 직접 경험은 못 했어도, 언론이나 친구가 말하는 것을 사람들은 사실로 받아들인다.

그러나 단터는 상식에 도전한다. 실패가 뜨거운 맛으로 다가올지라도 때로는 과감히 나선다. 바나나를 먹을 때의 쾌감을 알기 때문이다.

직장 생활에서 자주 겪게 되는 경험이 있다. 언뜻 보기에 불가능한 일을 최고 경영자(CEO)가 지시한다. 특히 자수성가한

CEO는 그런 일이 더 잦은 편이다. 직원들은 이에 노골적으로 불만을 나타내기도 한다. 뜨거운 물이 쏟아지는 것이 과학적 통계고 상식인데, CEO가 바나나를 따라는 지시를 내렸다는 볼멘소리를 한다. 그런데 그렇게 어쩔 수 없이 나선 무모한 도전이, 결국에 가서는 묘하게 성공하기도 한다. 바나나가 따지는 것이다.

예전에 어떤 기자가 모 기업 홍보실에 CEO 인터뷰 요청을 했다. 그러나 전화를 받은 직원은 대표가 몇 시간 뒤 출국하기에 어렵다고 말했다. 인터뷰가 꼭 필요했던 기자는 막무가내로 매달렸다.

직원은 "불가능한 요구지만 말이나 전하겠다"라고 한 뒤 대표를 찾았다. 그런데 대표는 흔쾌히 승낙했다. 단, 시간이 없기에 공항으로 가는 차 안에서 하자는 것이 조건이었다.

그 직원은 이번엔 언론사의 상식을 말하며 '그렇게는 하려고 하지 않을 것"이라고 보스에게 답했다. 그러자 CEO는 버럭 화를 내며 "얘기도 안 해보고 어떻게 단정 짓느냐"라고 호통을 쳤다고 한다.

그 직원은 CEO의 막무가내에 기분이 상했지만, 지시이기에 기자에게 전화를 했다. 그런데 기분 나빠할 것으로 생각한 기자가 흔쾌히 승낙하며 한걸음에 달려왔다고 한다.

물론 그런 도전이 실패하는 경우도 많다. 그러나 하지 않는 것보다 해보고 실패하는 게 낫다는 것이 많은 부자들의 생각이다. 도전이 없으면 아무것도 남는 것이 없지만, 실패는 최소한 경험을 남기기 때문이다. 더구나 성공한다면 남들과 다른 곳을 가봤다는 묘한 쾌감이 온몸을 탄다. 이런 즐거움이 도전에 대한 중독증까지 만든다.

원하지 않는 도전에 맞서라

꿈을 위해 배를 만들어 바다로 나가는 적극적인 것만이 도전인 것은 아니다. 밀려오는 파도에 맞서 싸우는 일도 큰 범주에서 보자면 도전이다. 제대로 싸우지 못하면 파도에 쓸려 바다에 빠진다.

그 수동적 도전은 태어나 가장 먼저 마주치는 것이기도 하다. 엄마 뱃속에서 나온 순간 핏덩어리 인간은 기본적 생존에 도전한다.

스티븐 스필버그는 유대인이라는 이유로 어린 시절 주변의 놀림을 받으며 왕따를 당한다. 그가 싸운 것은 멸시와 외로움이었다. 그는 12살 때 아버지가 사준 무비카메라로 이를 극복한다. 직접 각본을 쓰고 촬영하며 자신이 처한 어려움에 맞선다. 현실의 고통을 상상의 세계에서 벗어나는 것이다. 스필버그는 그때 영화감독이 되겠다고 결심한다. 그를 영화의 귀재로 키운 것은 타고난 감각보다도, 열악한 상황을 도전으로 보고 극복한 덕분이다.

그래서 그는 지금도 끊임없이 도전하는 용기를 낸다. 어린 시절 고난의 파도와 싸워 이긴 승리의 경험이 있기 때문이다.

'위대한 바이킹을 키운 것은 거친 북풍'이라는 유럽 속담이 있다. 거친 바람에 맞싸워 이김으로써 그들은 바다를 헤칠 용기를 얻은 것이다.

부자들 중에 젊은 시절 가난 등으로 고생한 경우가 많은 이유도 마찬가지다. 그 고통이 부자가 되겠다는 꿈과 도전정신을 키웠다. 가난은 고통이지만, 동시에 위대한 삶을 만드는 자극이기도 하다.

그럼에도 불구하고 많은 사람들이 지금도 돈 없는 자신의 처지를 비관한다. 그러나 곤궁한 처지를 도전으로 인식하는 순간, 그것은 하늘의 선물이 된다. 잃어버릴 것 없이 얻을 것만 있는 포지티브 게임이 되기 때문이다. 부동산업으로 크게 성공한 한 분은 "쫓어지게 가난한 어린 시절과 비교하면 모든 걸 잃어도 결국 본전 아니냐"라며, "그 생각이 도전에 나설 때 늘 어깨를 가볍게 한다"라고 말한다.

도전은 선택사항이 아니다

그런데 도전에 대한 이야기를 하면 많은 사람들이 움츠러든다. 나이가 들수록 정도는 심해진다. 앞서 본 것처럼 도전이 공포와 두려움을 몰고 오기 때문이다. 그러나 나서서 도전하지 않으면 떠밀리게 된다. 번지점프대에서 스스로 뛰지 않으면 다음 손님이 밀어버릴 것이다.

이를 통찰력 있게 보여준 것이 앤서니 라빈스의 책 『내 안에 잠든 거인을 깨워라』 결단편에 나온 '나이아가라 증후군' 이다.

그에 따르면 대부분의 사람은 어디로 가겠다는 구체적 결정 없이 인생이라는 강에 뛰어든다. 그 뒤 가야할 방향을 정하지 못한 채 물줄기를 따라 흘러간다. 자신의 가치관이 아닌 사회적 환경에 휘둘리는 집단의 일원이 되는 것이다.

그러던 어느 날, 사람들은 인생이 잘못 흘러가고 있음을 깨닫는다. 갑자기 물살이 빨라지고 요동치는 소리에 놀라 깨어난 것이다. 바로 몇 미터 앞에 나타난 나이아가라 폭포 때문이다. 그러나 그들은 배를 강가로 저어갈 노조차 갖고 있지 않다. "결국 그들은 물과 함께 폭포의 낭떠러지로 추락한다"라고 라빈스는 말한다.

무시무시하지만 일상에서 늘 벌어지는 사건이다. 당장의 편안함에 빠져 도전하지 않다가 구조조정에 밀린 사람들이 대표적이다. 1등의 편안함에서 헤어나지 못해 몰락한 기업도 마찬가지다.

이런 맥락에서 스파이더맨으로 불리는 프랑스 고층 빌딩 등반가 알랭 로베르의 이야기는 많은 것을 생각하게 한다. 164센티미터, 57킬로그램의 가냘픈 몸매에도 그는 두 손과 발만으로 시카고 110층 시어즈 타워와 뉴욕 엠파이어 스테이트 빌딩 등 세계 70여 개의 고층 빌딩과 조형물 정상에 올랐다.

그는 도전이 두렵지 않으냐는 물음에 "나더러 정신 나갔다는 사람도 있지만, 정말 정신 나간 사람은 꿈에 도전하지 않는 이들"이라고 답한다. 보통 사람이 볼 때 로베르는 안전판 없는 고층 빌딩의 외벽을 잡고 있다. 그러나 그의 손은 사실은 도전을 움켜쥐고 있는 것이다. 반면에 그를 불안하게 보는 사람들이 잡고 있는 것은 안전해 보이지만, 오히려 언제 가라앉을지 모르는 구멍난 튜브일지도 모른다.

브레이크와 액셀러레이터, 무엇을 밟을 것인가

능숙하게 차를 모는 택시 운전사는 초보 운전자의 눈에 운전대를 잡고 태어난 사람으로 비친다. 보통 사람이 보는 부자도 마찬가지다. 그들은 이미 정해진 성공의 길을 따라 간 것처럼 느껴진다. 그러나 택시 운전수도 면허가 없던 시절이 있었고, 부자도 가난했던 때가 있었다.

그렇다면 초보가 운전을 배우기 위해 반드시 해야 할 일은 무엇인가. 바로 액셀러레이터를 밟는 일이다. 이를 밟지 않고 운전을 배우는 건 불가능하다. 그런데 우리 주변엔 그 액셀을 감히 밟지 못하는 사람들이 있다. 차 운전이 무서운 것이다. 이들은 결코 운전을 배울 수 없다.

부자도 마찬가지다. 도전이라는 액셀을 밟아 차를 가속시켜야 부자가 될 수 있다. 더불어 브레이크에선 발을 떼야 한다. 브레이크에서 발을 들어 액셀을 밟지 않으면 절대 부자가 될 수 없다. 이것이 단터가 되느냐 못 되느냐를 가르는 기준이다. 액셀을 밟을 용기가 있다면 부자가 될 자격이 있고, 그렇지 않다면 불가능하다.

나아가, 부자가 된 상당수는 언제든 다시 액셀을 밟을 준비가 돼 있다. 속도의 쾌감을 기억하기 때문이다. 물론 그러다 사고도 낸다. 그러나 그는 그 경험을 바탕으로 더 나은 운전 솜씨를 익힌다.

브레이크 사용법도 액셀을 밟은 뒤에 익힐 수 있다. 사람들은 신중함을 중요시한다. 이것이 브레이크일 수 있다. 그 신중함은 일단 도전이 이뤄진 뒤에 의미가 있다. 도전 없는 신중함은 액셀 없는 브레이크다. 중요하지만 크게 쓸모가 없다. 액셀러레이터가 작동하지 않는다면 브레이크도 필요 없다.

칼은 칼집에 있을 때 가장 무섭다

사람들은 미래의 위험을 과장되게 생각한다. 그래서 도전에 나서지 못한다. 우리 속담에 "칼은 칼집에 있을 때 가장 무섭다"라는 말이 있다. 이는 곧 막상 뽑아보면 별 것 아닌 경우가 많다는 얘기다.

미래에 대한 불안이 여기에 딱 들어맞는다. 도전에 앞서 많은 생각을 하다보면 불안하다. 마치 번지점프대에 서면 떨어져 죽을 듯한 공포가 몰려오는 것과 같다.

특히 살아온 삶이 안정적일수록 도전에 대한 불안은 더 크다. 북풍을 맞아본 경험이 없는 사람에게 거센 바람에 맞선다는 상상은 그 자체만으로 공포다.

예컨대 10년 넘게 다닌 직장을 그만두고 나갈 생각을 하면, 알몸으로 이리 떼가 득실대는 들판에 내던져진 듯한 공포감이 연상된다. 아는 이 없는 낯선 곳에 간다는 생각도 사람을 불안하게 한다.

그런데 삶의 묘한 역설 중 하나가, 막상 부딪치면 모든 것이 실제로는 생각했던 만큼 두렵지 않다는 것이다. "결국 나타나는 상황은 사람들이 걱정을 만들어내면서 머리 속에 떠올리는 대부분의 암울한 상상처럼 끔찍하지 않다." 즉 칼집에서 나온 칼은 의외로 두렵기보다 담담하게 다가온다.

그러나 사람들은 그 두려움 때문에 도전에 나서지 못한다. 따라서 미래에 대한 과도한 두려움을 버리고 가벼운 마음으로 도전에 나설 필요가 있다.

물론 도전은 위험이 있고, 용기를 필요로 한다. 그러나 도전을 막는 것이 과도한 불안이라면, 이를 용기로 극복해야 한다. 우리 속담에 시작이 반이라는 말이 있다. 시작하는 순간 내가 생각했던 공포의 절반은 해소되기에 이런 말이 나왔을 수도 있다.

너무 늦은 시간은 없다

'늙었다, 늦었다'의 기준은 객관적이기보다 심리적이다. 그래서 평생 늙었다고, 늦었다고 푸념하면서 도전에 나서지 않는 경우도 많다.

심지어 그 증상은 10대에 시작되기도 한다. 고3이 돼 대학입시가 발등에 떨어지면 어떤 학생은 '1학년부터 열심히 할걸. 이제 너무 늦었어'라그 말한다. 심지어 "공부하기엔 너무 늦었어"라는 학생도 있다.

얼마 전 회사를 그만둔 40대 중반의 선배도 비슷한 말을 했다. "나이도 먹고 늙어서 회사 나가면 할 수 있는 게 없는 것 같아." 그러나 늦은 시간은 없다. 단지 늦었다는 패배의식만 존재할 뿐이다. 고3 때 마음잡고 열심히 해 좋은 학교 가는 경우도 많고, 정문술 미래산업 전 회장같이 40대에 시작해 50세가 넘어 사업에 성공하는 경우도 허다하다. 커넬 샌더슨은 65세에 KFC라는 치킨 가게를 만들기도 했다.

늦었다고 생각하는 순간이 남아 있는 시간 중 가장 빠르고 제일 젊을 때다. 하고 싶은 것이 있다면 너무 늦어서 못하겠다고 말하는 대신 도전해보라. 색소폰 연주자 대니 정은 고등학교 1학년 때 친구들의 멋진 연주 모습을 보면서 '하고 싶다'는 생각을 한다. 그러자 친구들은 자신들은 초등학교 때부터 연주를 해왔다며 "네가 하기엔 너무 늦었다"라고 말을 한다. 특히 그는 동양인으로서 미국학교에 다니면서 노래도 못하고, 운동도 못하고, 공부도 못하는 왕따였다.

그러나 그는 자신의 멋진 연주 모습을 상상하며 색소폰을 배우기 시작했다. 그는 시작한 지 1년 만에 학교 색소폰 경연대회에서 1등을 차지했고, 버클리 음대에 장학생으로 들어간다. 그가 발매한 음반은 아메리카 빌보드 차트에 랭크됐다.

이것이 바로 자기 자신에 대한 도전이고 낙관이다. 꿈을 갖고 도전해서 반드시 이룰 수 있다는 믿음을 갖는 것이다. 그런 믿음이 있을 때 시간의 부족함은 넘어야 할 시련일 뿐, 벽이 되지 못한다.

작은 것부터 시작하라

단터가 되기 위해선 도전을 즐겨야 한다. 도전에는 '희열과 공포'라는 역설이 공존하고 있다. 결국 부자가 되기 위해선 도전해야 하고, 도전할 바에는 희열의 기쁨에 중독되는 것이 성공의 지름길이다.

목숨을 건 대단한 도전일 필요는 없다. 예를 들어 직장 주변에 신장개업한 집이 있다면, 누구보다 먼저 찾아가보자. 남보다 먼저 맛보는 사람이 도전적인 정신의 소유자다. 특히 신장개업한 곳에선 개업 떡도, 때로는 사은품도 챙길 수 있다. 작은 곳에서 도전의 기쁨을 느끼는 것이 중요하다.

더불어 사무실에서 조금 떨어진 새로운 식당을 찾아 점심을 하는 것도 즐거운 모험이다. 의외로 남들이 모르는 맛집을 발견하는 쾌감을 느낄 수 있다.

이발이나 사우나도 마찬가지다. 늘 가던 곳이 아닌 새로운 가게를 찾는 것도 작지만 하나의 탐험이다. 출근길도 여러 교통수단을 다양하게 이용해보자.

늘 버스만 탔기에, 늘 지하철만 탔기에 관성적으로 이를 이용하는 이들이 있다. 심지어 잘못된 교통수단 이용으로 시간을 허비하는 경우도 있다. 필자가 예전에 다니던 회사는 2호선 시청역과 5호선 서대문역 중간쯤에 있었다. 그런데 후배 중 하나가 집에서 5호선이 가까움에도 불구하고 2호선을 이용했다. 집의 위치를 들어보니 5호선은 조금만 걸으면 되지만 2호선은 서너 정거장 정도 다시 버스를 이용해야 했다. 5호선이 생기기 전에 2호선을 타던 습관이 그대로 이어져 온 것이다.

필자의 권유로 5호선을 이용해본 그는 출퇴근 코스를 바꿨다. 왜 5호선을 탈 생각을 하지 않았느냐고 묻자 "다른 방법은 생각도 해보지 않았다"라고 말했다. 오랫동안 타온 2호선에 익숙해지면서 다른 식의 도전을 꿈조차 꾸지 않았던 것이다.

놀 때도 다양한 방법을 시도하면 도전의 쾌감을 느낄 수 있다. 등산이 취미라면 다양한 산을 올라보자. 조건이 여의치 않아 집에서 가까운 산에만 갈 수밖에 없을 땐 매번 다른 등산로를 택하거나, 다른 시간대에 산을 오르자. 다양한 경험이 주는 쾌감이 도전에 대한 긍정적 중독을 가져온다. 여유가 된다면 다양한 취미활동을 경험해보는 것도 방법이다.

무모한 도전이 만든 묘한 성공

인간 역사의 획기적 사건 중엔 가당치 않은 무모한 도전이 만든 묘한 성공이 많다. 그중 하나가 콜럼버스의 아메리카 발견이다.

콜럼버스는 마르코 폴로의 『동방견문록』에 나오는 '지팡구'를 찾아 나선다. 지팡구란 오늘의 일본을 말하는데, 동방견문록에는 지팡구에 금으로 덮은 지붕이 많다고 나온다. 콜럼버스는 그 금에 눈독을 들인 것이다.

그래서 그는 배를 타고 서쪽으로 한 달만 가면 지팡구에 갈 수 있다고 주장한다. 그러나 사람들은 바보가 아니다. 스페인과 포르투갈의 지리 전문가들은 만장일치로 콜럼버스의 주장을 논박한다. 서쪽으로 돌아 한 달 안에 도저히 아시아 동쪽 끝에 갈 수 없기 때문이다. 따라서 사람들은 아시아에 닿기 전 망망대해에 빠져 죽을 수밖에 없다고 생각한다. 그들의 계산은 사실 틀리지 않았다.

그러나 콜럼버스는 때로는 묘한 논리까지 동원해가면서 스페인과 포르투갈 왕을 설득한다. 콜럼버스는 지팡구까지의 거리를 의도적으로 줄이기도 한다.

그가 주로 의존했던 것은 사실 전설이다. 바닷가엔 폭풍에 떠밀려 이름 모를 곳에 갔다 온 사람들의 이야기가 전해 내려온다. 사람들은 이를 허풍이 만든 '소설'로 생각했지만, 콜럼버스는 '사실'로 받아들인 것이다.

각고의 노력 끝에 결국 콜럼버스는 낡은 배 세 척과 죄수들을 선원으로 삼아 탐험에 나설 수 있게 된다. 죄수들은 바다에 빠져 죽는 것이 두려웠으나, 무사 귀환할 경우 사면해준다는 약속에 마지못해 항해에 나선다.

그는 바다에서 선원들의 동요를 막으려고 항해 거리를 의도적으로 줄인다. 즉 20킬로미터를 갔다면 10킬로미터로 줄이는 것이다. 그래야 돌아갈 수 없을 것이라는 불안에 시달리는 선원들의 동요를 막을 수 있었기 때문이다.

사실 아메리카 대륙이 없었다면 콜럼버스는 바다에 빠져 죽었을 것이고, 역사는 그를 사기꾼으로 기록했을 것이다. 그런데 대서양과 태평양 사이에 누구도 알지 못한 신대륙이 있었다. 그의 무모한 도전이 신대륙 발견이라는 엄청난 일을 해낸 것이다.

스트레스로 건강해지기

스트레스는 만병의 근원으로 간주되고 있다. 따라서 1960년대 이후 전문가들은 스트레스 해소를 각종 질병에서 벗어나는 관건으로 봤다. 그만큼 급변하는 외부 환경의 변화에 대한 심리적 부담이 컸다.

그러나 최근 관점의 변화가 감지되고 있다. 스트레스가 부정적이기보다 긍정적이라는 것이다. 더불어 인류 역사만큼 오래됐고, 피할 수 없는 것이 스트레스라는 생각이다.

스트레스의 긍정적 측면은 삼성 그룹 이건희 회장도 자주 강조했다. 이 회장이 어렸을 때, 집안 어른들은 논에 미꾸라지를 키웠다고 한다. 그런데 그 논엔 이를 잡아먹는 메기도 있었다. 상식적으로는 넓지 않은 논바닥에서 미꾸라지들이 살아남지 못할 것 같다. 그러나 반대로 미꾸라지가 더 통통하게 큰다고 한다. 메기에게 잡아먹히지 않기 위해 부지런히 움직이고 열심히 먹기 때문이다.

비슷한 경우가 인간에게도 적용된다. 미국의 심리학자 수전 퀼렛은 스트레스를 도전으로 인식하는 사람은 그렇지 않은 경우보다 건강하다고 말한다. 즉 메기(스트레스)의 존재를 위협이 아닌 극복해야 할 도전으로 보는 사람은 이 때문에 더 건강해진다는 것이다. 메기로 인

해 더 통통해진 미꾸라지와 같은 맥락이다. 스트레스의 도전을 극복하고 나면 오히려 이로 인해 더 건강해질 수 있는 것이다.

동물이나 사람뿐 아니라 인류 문명도 마찬가지다. 그리스의 역사학자 히로도토스는 "이집트는 나일 강의 선물"이라고 말한 바 있다. 나일 강의 주기적 범람을 재앙이 아닌 극복해야 할 도전으로 인식한 이집트 인들이 태양력, 기하학 등을 발전시켰기 때문이다.

영국 역사학자 아놀드 토인비는 더 나아가 중국, 인도 등 심각할 정도의 외세나 자연의 도전을 받았던 문명이 오히려 망하지 않고 지금까지 찬란하게 빛을 발하고 있다고 주장했다. 도전이 문명의 건강성도 유지해주는 셈이다.

Non-neglect

3

성공을 만드는
핵심 영양소

천재성이란 맹렬히 노력할 줄 아는 능력이며, 이는 위대한 것을 만들어내고 꾸준히 노력하는 저력을 말한다. 따라서 높은 목표와 숭고한 목적을 가지고 노력하는 사람들에게 일이란 숭배하고 의무를 다하며 칭송해야 할 영원 불멸의 대상이다.

— 새뮤얼 스마일스

성공을 만드는
핵심 영양소

부자의 99%는 200% 부지런했다

"저 양반은 한시도 가만 있질 못해요."

종로 세운상가에서 사업을 시작해 서울 시내 여러 곳에 전자매장을 갖고 있는 분이 있다. 알부자로 소문난 그분을 세운상가로 찾아갔을 때 부인이 투정하듯 한 말이다. 재산 200억 원으로 김포외고를 세운 청계천 출신의 전병드 록스기계 사장이 그러하듯, 그 동네 사장님들 중엔 복장은 허름하지만 알부자인 경우가 많다.

부인이 불평하는 이유는, 남편이 집에서도 끊임없이 뭔가를 하기 때문이다. 특히 방이 지저분한 걸 눈뜨고 못 본다. 보이는 대로 정리하고 정돈한다.

그렇다고 부인에게 핀잔을 주거나 불평하는 건 아니다. 어쩌면 그는 상당한 애처가다. 밥 먹고 가만있질 못하는 성격이기에 설거지통에 매달리기도 하고, 방 청소며 빨래며 알아서 한다. 그러나 부인으로선 그런 남편이 여간 부담스럽지 않다. 그래서 "제발 집에 오면 가만히 좀 있어라"라는 핀잔을 준다. 그러나 부지런함이 몸에 밴 그는 핀잔을 들으면서도 열심히 방바닥을 쓸고 닦는다.

부자가 된 이들이 갖는 또 다른 공통점은 부지런함이다. 모임에서 만난 한 부자는 새벽시간 아파트 주차장을 예로 들어 이를 설명했다. 그에 따르면 고급차가 아파트 주차장에서 새벽에 가장 먼저 빠져나간다는 것이다. 부자가 가장 부지런하고, 그래서 제일 먼저 일터로 향한다는 말이다. 그는 "부자의 99%는 남들보다 200% 이상 부지런하다"라고 주장한다.

사실 좋은 차와 집이 있는 부자는 여유 있게 출근할 것이라는 생각이 언뜻 든다. 새벽 출근은 트럭을 몰고 바쁘게 시장을 돌아다녀야 하는 서민의 전유물이라는 느낌도 같은 맥락이다.

그러나 새벽 다섯 시 반에 단정한 머리에 깔끔한 양복의 운전자가 고급차를 몰고 나가는 모습은 우리 주변에서 쉽게 목격할 수 있다. 물론 출근이 반드시 고급차 순은 아니다. 아직 부자가 되지 못했지만 그 길을 향해 가는 이들도 있고, 출근시간이 일러 마지못해 나가는 사람도 있기 때문일 것이다. 따라서 그분의 말은 100% 정확한 것은 아니다. 그러나 부지런해야 부자가 된다는 사실을 통찰력 있게 설명했다는 건 부인할 수 없다.

부지런함, 좌절에도 게을러지지 않는 것

단터의 부지런함은 따라서 열심히 일하는 차원을 넘는다. 쉴 때도, 놀 때도 그들은 부지런하다. 집에 있을 때는 설거지라도 해야 한다. 설악산에 놀러 갔다면, 남들 자는 새벽에 산에 오르거나 새벽시장에서 아침 거리를 산다.

이들은 움직여야 몸이 가볍고, 가만히 있으면 어깨가 처지고 무거워진다. 부지런함이 습관이기에 한순간도 게으르지 않다. 무엇을 한다는 것 자체가 운동이고 기쁨이다.

앞서 본 세운상가 사장님 역시 "1년어 가게를 쉬는 날은 구정 이틀"이라며, "이때 집에서 종일 놀고 있으면 꼭 병이 난다"라고 말한다. 남들은 쉬어야 편하지만, 이들은 움직여야 편하다.

나아가 그들은 좌절의 순간에도 게을러지지 않는다. 사실 살다보면 의지와 상관없이 실패하는 경우도 있다. 이럴 때 평범한 사람들은 좌절하며 모든 것을 포기한다. 부지런하고 머리 좋고 집안도 좋았던 사람이 사업에 실패한 뒤 좌절을 이기지 못해 폐인이 되는 경우도 많다. 그래서 그들은 단터가 되는 데 실패한다.

그러나 부자가 되기 위해선 실패와 좌절에도 절대 게을러져선 안 된다. 사업이 망해 할일이 없어도, 빈둥거리는 대신 열심히 산이라도 다니고 동네 공원을 산책해야 한다.

수년 전에 획기적인 광고 아이디어를 개발해 서울시내 지하철에 설치하기로 한 분이 있었다. 그의 작품이 지하철에 설치된다면 큰돈을 벌 수 있는 상황이었다. 그는 전 재산을 투자해 공장도 짓고 샘플도 만들었다. 성공이 눈앞에 온 듯했다.

그때 대구 지하철 중앙로역에서 방화로 192명이 목숨을 잃는 '대구 지하철 참사'가 벌어졌다. 그는 그 사건이 자신의 운명에 어떤 영향을 미칠지 그때만 해도 알지 못했다. 그런데 이 사건으로 '안전'이 1순위가 된 지하철 공사는 새로운 형태의 광고를 백지화했고, 그는 투자했던 돈을 고스란히 날리게 되었다. 한마디로 날벼락이었다. 무일푼이 된 그는 세상이 참담했다. 특히 아침에 갈 곳이 없는 현실이 그를 괴롭혔다. 깨어나는 대신 영원히 잠들었으면 좋겠다는 생각도 했다.

그러던 중에 그는 이대로는 안 되겠다 싶어 매일 아침 북한산에 오르기 시작했다. 저녁이면 밥을 먹고 동네 공원으로 가 운동장 트랙을 돌고 또 돌았다.

그러면서 그는 자신의 몸에서 뭔가 모를 희열과 기쁨 희망이 샘솟는 걸 느꼈다고 한다. 그는 "열심히 움직이면서 다시 해보자는 희망의 에너지가 몸에 솟았다"라며, "가만히 집에만 있었으면 화병으로 죽었을 것"이라고 당시를 회고한다.

이와 관련해 심리학자 이민규 교수는 "운동을 하면 근육이 이완될 뿐 아니라 우리 몸에서 노르에피네프린과 엔도르핀이 분비된다"라며, "이 분비 물질들은 감정을 고양시키고 불안감을 감소시킨다"라고 말한다. 좌절의 순간에도 멈추지 않는 부지런함은 축 처진 어깨를 펴게 만들고, 머릿속에 희망을 만들어내는 것이다.

애플컴퓨터의 창시자 스티브 잡스는 지난 1985년 자신이 세운 회사에서 쫓겨나는 수모를 당했다. 그의 절친한 동료는 그가 좌절감에 빠져 혹시 권총 자살을 할까봐 걱정하기까지 했다.

그는 오토바이 한 대와 두툼한 배낭 하나를 구입해 고향 미국이 아닌 유럽을 방랑자처럼 끊임없이 여행했다. 그렇다면 그는 노숙자와 같이 절망적인 생활을 했을까? 아마 정반대였을 것이다. 그는 부지런히 달려서 다리며 굳어져 가는 자신의 마음을 녹이고 긍정의 빛을 만들려 했을 것이다.

그는 결국 좌절을 이겨내고 픽사라는 회사를 세워 〈토이 스토리〉라는 애니메이션을 만들었다. 이 작품은 애니메이션의 역사를 바꿨다는 평가를 받을 만큼 획기적인 작품으로서, 잡스는 이를 통해 오뚝이처럼 재기에 성공했다. 이어서 그는 MP3 플레이어 '아이팟'으로 멋지게 세계 최고에 올라섰다.

이런 면에서 부지런함은 부자가 되는, 마지막 보루다. 꿈이 좌절되고 도전이 실패한 순간에도 부지런함은 계속되어야 한다. 그래야 몸속의 조그만 눈덩이 같은 희망이 커다란 눈사람으로 살아날 수 있다.

그래서 단터의 부지런함은 열심히 일하는 차원을 넘어, 최악의 순간에도 게을러지지 않는 몸의 습관을 말한다. 누구나 의욕에 가득한 순간은 부지런할 수 있다. 그러나 어느 한순간도 게을러지지 않는 '단터'가 되기 위해선 노력이 필요하다.

길은 끝났다고 생각하는 순간 새롭게 생겨나고, 찾았다고 생각하는 순간 사라진다. 우리는 묵묵히 걸어가지만 길은 끊임없이 '생겼다 사라졌다'를 반복한다. 따라서 길이 사라졌다고 주저앉아서는 안 된다.

길이 없어도 끊임없이 걷다보면 새로운 길이 나타난다. 이

것이 절망의 흔적에서 희망의 불씨를 찾아내고, 또 그것을 거대한 불구덩이로 만들어가는 인간 세상의 에너지이다. 그래서 좌절의 순간에도 우리는 끊임없이 걸어야 한다

불편한 것이 편하다

결국 부지런히 움직이는 단터와 보통 사람을 구분하는 것 가운데 하나가 편안함에 대한 생각과, 이를 언제 느끼는가 하는 것이다.

사람들은 서면 앉고 싶고, 앉으면 눕고 싶고, 누우면 자고 싶다. 이것이 인간의 본성이고 사람들이 생각하는 편안함이다.

따라서 대중교통 이용자도 돈을 벌면 자가용을 탄다. 차가 생기면 가까운 거리도 걷기보다 차를 몰고 간다. 차가 없을 땐 택시를 탄다. 편안함에서 편안함을 찾는다.

반면에 부자가 된 이들은 역설적으로 불편함에서 편안함을 찾는다. 필자가 아는 어느 분은 에쿠스가 있지만 지하철 두 정거장 정도 거리는 걷는다. 좋은 차를 샀으면서도 불편하게 걷는 것이다. 그 이유는 기름값을 절약하기 위해서이다. 사람들은 그분에게 때로는 '구두쇠'라 비난하기도 한다.

그런데 사실 그 불편함이 그들에겐 편하다. 쾌감이 있기 때문이다. 예컨대 가까운 거리를 걸으면 버스비나 기름값을 아낄 수 있다. 액수의 많고 적음을 떠나서, 벌었다는 기쁨이 온다.

더불어 운동의 상쾌함도 있다. 우리 몸은 균형을 추구한다. 몸에 고통이 생기면 이를 극복하는 물질을 분비한다. 심지어 마약 성분이 나오기도 한다. 이를 이른바 런너스 하이(runner's high)라고 하는데, 마라톤 선수들이 장거리를 달리다보면 환각 상태와 같은 상황에 직면한다고 해서 붙여진 이름이다. 이는 우리 몸이 고통을 없애기 위한 물질을 분비하는 데 따른 결과이다.

불편한 움직임이 편안함을 몰고 오는 이유도 여기에 있다. 이들은 몸을 부지런하게 움직임으로써 피곤해지는 것이 아니라 오히려 상쾌해지는 기분을 느낀다.

따라서 부지런함은 도전과 마찬가지로 '긍정적 중독'이다. 그 중독에 빠져야만 부자의 길을 갈 수 있다. 더불어 그 중독이 주는 쾌감은 마약, 담배 등 부정적 중독이 주는 것보다 더 향기롭다.

미국인이 가장 존경하는 인물 중 한 사람인 자동차왕 포드는 큰 부자가 된 뒤에도 자기 집에 필요한 장작을 스스로 팼다고 한다. 그의 신조는 '집에서 쓸 장작은 본인이 패라'라는 것이었다. 부자이지만 그 부를 이용해 너무 편해지는 것을 경계한 것이다. 피죽도 못 얻어먹은 것처럼 깡말랐지만 포드는 누구보다 건강했다고 한다.

따라서 부자가 되기 위해선 불편을 참고 부지런히 움직여야 한다. 가까운 거리는 자가용 대신 자전거를 타거나 걸어가 보자. 불편하지만 운동도 되고, 교통비도 아낄 수 있다.

처음엔 힘들지만 익숙해지면 정반대 현상이 벌어진다. 즉 가만히 있는 것보다 뭔가 해야 몸이 편해진다. 이때 비로소 보통 사람은 단터가 될 기본 자질을 얻게 된다.

보험료와 비만율의 반비례

어린 시절에는 사장님이란 잘 먹어 배가 불룩 나온 사람이라 생각했다. 접하기 힘든 산해진미를 매일 먹고 살 터인 그들이 말랐다는 건 상상하기 어려웠다. 같은 동네 친구나 어른들도 마찬가지 생각이었던 듯하다. 그런데 성인이 돼 만난 진짜 부자는 정반대인 경우가 많았다.

이는 통계로도 어느 정도 입증된다. 2003년 조사에 따르면 월평균 건강보험료 5만 원 이하 성인 남성의 비만율이 8만 원 이상인 경우보다 높았다. 즉 돈이 없을수록 비만인 사람이 많은 역설적인 일이 벌어지고 있는 것이다.

당시 언론은 부자가 다이어트나 헬스클럽에 다닐 돈이 있기 때문으로 그 이유를 설명했다. 반면에 가난한 이들은 돈이 없어 살을 못 뺀다는 것이다. 그러나 그것이 전부는 분명 아니다. 부지런함이 또 다른 원인일 가능성이 높다. 사실 50년 전과 달리 오늘날에는 돈이 없어 굶는 사람은 드물다. 특히 신체가 멀쩡한 성인 남성은 더 그렇다.

그러나 풍요로워진 만큼 열심히 움직이지 않으면 살이 붙을 수밖에 없다. 다이어트의 단순한 원칙은, 섭취한 칼로리보다 소비한 칼로리가 많으면 살이 빠지고 반대면 불어난다는 것이다. 따라서 먹고 편히 있으면 비만이 되고, 헬스가 됐든 달리기가 됐든 일이 됐든 열심히 움직이면 빠진다. 결국 부지런히 움직여야 비만의 위험이 줄어드는 것이다. 돈 많은 이들의 몸무게가 적은 것은 이처럼 더 열심히 움직여서일 수도 있다.

사실 부지런히 움직이는 사람에겐 살이 붙을 틈이 없다. 더불어 많이 먹으면 몸이 불편하기에 식사량도 절제한다. 내가 본 부자는 심지어 마르기까지 했다. 그중 한 분은 키가 170에 가까운데 30대 초반의 몸무게인 58킬로그램을 유지하고 있다. 남들이 보면 먹지 못해 말랐다는 생각까지 들 정도다. 살이 찌면 몸이 무거워지기 때문에 늘 같은 수준을 유지한다고 한다.

앞서 언급한 포드도 마찬가지다.

따라서 부자가 되기 위해선 살부터 빼야 한다. 부지런히 운동하고 일해서 몸을 가볍게 해야 한다. 살 빼는 것에서부터 단터가 되기 위한 노력이 출발할 수도 있다. 몸짱 만들기에 성공하고 이를 유지하는 부지런함이 있다면 부자 자질의 기본 중 기본은 갖췄다고 봐도 무방할 것이다.

그런데 우리 주변엔 사업 실패나 명예퇴직 뒤 갑자기 살이 불어나는 사람들이 있다. 실의에 빠지며 움직임이 줄고, 대신 먹는 것으로 스트레스를 해소하기 때문이다. 그렇게 살이 불기 시작하면 더 덕게 되고, 더 먹게 되는 만큼 몸이 둔해져 움직임도 느려지는 악순환이 발생한다. 마음 상태 역시 침울해진다. 결국 비만에 따른 각종 병이 생겨 급기야 목숨을 잃기도 한다.

경기고·서울대를 졸업한 수재인 데다 학원 사업으로 한때 큰돈을 번 분이 있었다. 그러나 정부의 교육정책 변화로 한순간 모아놓은 전 재산을 날리는 실패를 경험했다. 성공 가도를 달렸던 만큼 실패의 좌절은 그에게 큰 고통이었다. 괴로움을 이기지 못한 그분은 결국 술로 세월을 보냈으며, 생활비는 대학에 다니는 자식들이 아르바이트로 충당했다. 그의 몸무게는 1년 만에 몰라보게 늘었고 각종 병이 끊이질 않았다. 결국 3년 만에 숨을 거두었다.

부자의 꿈이 있다면 늘 움직여 몸을 가볍게 해야 한다. 일이 많을 때나 없을 때나, 실패했을 때나 성공했을 때나 늘 한결같아야 한다. 이는 곧 나와의 싸움이기도 하다. 밥 먹고 나면 누워서 TV나 보는 사람과 설거지통에 매달려 그릇이라도 닦는 사람 가운데 누가 더 비만에 걸릴 확률이 낮은지는 불을 보듯 뻔하다.

인생을 두 배로 사는 법

사람들은 성공한 이들의 특별한 노하우를 배우고 싶어 한다. 그러나 대답이 실망스럽게도 평범한 경우가 많다. 그런 답 가운데 하나가 부지런함이다. 부지런히 하다보니 성공했다고 그들은 말한다.

그런데 부지런함은 아주 특별한 역할을 한다. 이틀 해야 할 일을 하루에 해치우는 것이다. 이는 곧 다른 사람보다 두 배 빠르다는 것이다. 어느 사회건 일을 정확히 빨리하는 사람은 신뢰를 얻는다. 21세기는 특히 규모보다 속도가 중요하다. 그래서 거대한 기업보다 빠른 기업이 승리한다. 빠르려면 부지런해야 한다.

부지런함은 또 두 사람 몫의 일을 할 수 있게 한다. 아침 8시에 일어나 부랴부랴 밥 먹고 모니터 앞에 앉아 주식 투자를 하는 사람이 있다고 하자. 그는 또 거래 마감 후 대강 정리하고 사우나에 가거나 친구들을 만나 술을 마신다.

다른 한 사람은 아침 5시에 일어나 인터넷으로 미국 시황을 확인한 뒤 조간신문 서너 개를 꼼꼼히 읽고 투자 전략을 세우고서 모니터 앞에 앉는다. 마감 후엔 그날의 시황을 분석하고 밤 10시까지 다음날 투자 계획을 세운 뒤 잠자리에 든다.

당연히 후자의 사람이 주식투자에 성공한다. 몸은 하나지만 투자와 분석이라는 두 사람 몫의 일을 혼자 하기 때문이다. 두 사람 몫의 일이 한 몸에서 이뤄지면 엄청난 시너지가 솟는다.

식당도 마찬가지다. 많은 식당들이 식재료를 도매상에게 구입한다. 도매상들은 친절하게 트럭으로 식당 앞까지 모든 걸 배달해준다. 식당 주인은 그 재료를 바탕으로 음식을 만들어 판다.

하지만 도매상이 늘 좋은 재료만 갖다주는 건 아니다. 필자가 아는 분은 그래서 매일 새벽 5시 농수산물 시장에 직접 간다. 가장 신선한 재료를 구하기 위해서다. 그는 야채 도매상과 음식점 주인이라는 두 가지 일을 모두 하는 셈이다. 두 사람 몫을 혼자 하려면 부지런해야 한다. 부지런함은 삶도 두 배로 살게 함으로써 그만큼 더 많은 돈을 벌어다 준다. 두 배로 산 만큼 받아야 할 몫도 크기 때문이다.

에디슨은 14년간 하루 평균 20시간씩 일했다고 한다. 47세가 되자 그는 자신의 진짜 나이를 82세라 했다. 하루 8시간씩 일한다고 생각하면 그 정도 된다는 것이다. 그가 발명을 많이 하고 GE라는 거대 기업을 세울 수밖에 없었던 이유가 여기에 있다.

모르는 것이 약이다

꿈과 도전, 부지런함을 갖춘다면 단터의 물리적 기본이 완성된다. 즉 '단'이라는 몸이 만들어지는 것이다. 꿈은 머리, 도전은 몸통, 부지런함은 팔다리 역할을 한다. 이 세 가지는 맞물려 부자의 몸과 정신을 만든다.

그 결합은 놀라운 기적의 근원이다. '단'은 군대도 못 가는 평발의 남자를 세계적 축구선수로 만드는데, 그가 바로 박지성이다. 평발이 군 면제인 이유는 오래 걸을 수 없기 때문이다.

그런 사람이 세계적 축구 선수가 됐다는 건 사실 기적이다. 꿈과 도전, 부지런한 노력이 기적을 만든 것이다. 인터넷에 돌았던 그의 상처와 흉터 투성이 발 사진은 그가 얼마나 노력했는지를 보여주는 증거였다.

하지만 이보다 더 재미있는 사실이 있다. 그는 자신이 평발이라는 것을 축구선수로 이미 성장해 2002년 월드컵을 준비하면서 알았다는 것이다. 그때 대표팀 주치의는 "이 발로 축구를 하다니! 힘들지 않았나"라며 놀라움을 금치 못했다. 그런데 정작 박지성은 모든 선수가 그만큼 아픈 것으로 알았다고 한다.

만일 박지성이 평발이라는 사실을 어릴 적에 알았다면 어땠을까. 아마 주변에서 '평발은 축구하기 힘들다'라는 말이 많았을 것이고, 그는 운동을 포기했을 가능성이 높다. 군대도 못 가는 평발이 축구를 한다는 것은 가당치도 않기 때문이다. 어쩌면 평발인 줄 몰랐기에 그는 축구를 계속했고 스타가 될 수 있었다.

중학교 시절에 공부를 잘했던 친구가 있었다. 고등학교 1학년에 올라가 지능지수(IQ) 검사를 했는데, 두 자리 수가 나왔다. 주변 아이들은 IQ 두 자리가 공부를 잘한다고 놀렸다. 그 역시 수업 내용이 어려워지는 2학년이 되면 성적이 떨어질 것 같다며 불안해했다. 그리고 2학년이 되어서 그의 성적은 정말 떨어졌다.

주변 사람들은 그의 머리가 나빠 성적이 떨어진 것으로 평가했다. 그러나 돌이켜보면 문제는 IQ가 아닌 '안 된다는 생각'이었을 수도 있다. 박지성의 경우처럼 모르는 것이 약이었을 가능성이 높다.

때로는 너무 많이 알아서 기적에서 멀어질 수 있다. 기적은 특별한 사람에게 일어나는 특이한 현상이 아니다. 그렇다고 눈 감고 기도만 한다고 일어나지도 않는다. 상식에 얽매어 포기하는 대신 꿈꾸고 부지런히 도전하는 자에게 꿈 같은 일은 현실이 된다. 지능지수가 낮아도 꿈꾸고 도전하고 노력하면 하버드대도 갈 수 있다. 기적은 어쩌면 일상에서 벌어지는 가장 평범한 현상일 수 있다.

끝이 보이는 모래성

기억해야 할 또 한 가지 중요한 사실은, 꿈과 도전만으로는 몸이 튼튼해지지 않는다는 것이다. 팔다리 운동이 없다면 오히려 몸은 병이 생길 수 있다.

이를 보여주는 것이 바로 로또다. 로또는 부지런함 없이 부자에 도전하는 대표적 상품이다. 비록 맞을 확률이 800만분의 1이지만, 당첨되면 노력 없이 부자가 될 수 있다. 그러나 로또는 맞기도 어려울 뿐 아니라, 당첨자는 '단터'가 아니기에 행운을 지키기 어렵다.

예전에 '데지력'이 있다는 분과 이야기를 한 적이 있다. 물론 전문적으로 점을 보거나 하는 사람은 아니다. 그분에게 왜 로또 복권 숫자를 예언하는 점쟁이는 없는지 물었다. 사실 복채를 받으며 사주 보는 것보다 로또 숫자만 맞추면 손쉽게 부자가 될 수 있다. 그러자 그는 "그 끝이 눈에 보이기 때문"이라고 답했다. 즉 로또에 당첨된 뒤 결국 이전보다 더 못한 나락으로 떨어지는 처참한 상황이 눈에 선하기에 그들은 안 한다는 것이다.

물론 이는 실제로 예언할 능력이 안되는 것에 대한 변명일 수도 있다. 그러나 그 안엔 한 가지 진실이 있다. 해외 통계를 보면 로또 당첨자의 80%가 결국은 이전보다 더 못한 삶을 산다고 한다. 손발의 움직임 없이 돈이 들어왔기에, 벌어도 금방 사라지는 것이다.

획기적 아이디어만으로 사업에 성공할 수 있다고 믿는 경우도 마찬가지다. 즉 고양이 목에 방울을 단다는 기발한 생각만으로 돈을 벌 수 있다고 착각하는 것이다. 그런데 대부분 첫 발에서 쓴맛을 본다. 섣불리 고양이에게 다가가 목숨만 잃는 것이다. 부지런함 없는 꿈과 도전은 모래 위에 지은 성과 같다.

혼혈아로 서러움과 냉대 속에 꿈을 키운 가수 인순이 씨는 본인의 삶을 담은 듯한 노래 「거위의 꿈」을 최근 리메이크 해 히트시켰다. 삶은 끝이 정해진 책이 아니라는 절규가 그 안에 담겨 있다. 그런데 그가 방송에 나와서 한 말은 "여러분 꿈을 꾸세요. 그러나 꿈만으론 안 됩니다. 열심히 노력해야 합니다"였다.

단터가 되기 위해선 머리엔 꿈을, 가슴엔 도전을, 손발엔 게으르지 않을 자세가 함께 있어야 한다. 꿈과 도전만으로는 절대 부자가 될 수 없다. 꿈을 실현하기 위한 부지런한 노력은 절대적이고 필수적이다.

사기꾼과 사기 꿈

사기꾼과 그 사기꾼의 사기에 당하는 사람은 입장이 반대다. 한쪽은 가해자고 다른 쪽은 피해자다. 그런데 둘 사이엔 묘한 공통점이 있다. 로또 구입자와 마찬가지로 꿈과 도전에 비해 부지런함이 부족하다는 것이다. 따라서 적은 노력으로 많은 걸 얻으려 한다. 꿈은 있는데, 그걸 쉽게 이루려 한다.

그래서 사기꾼은 노력 없이 입으로 돈을 벌려 한다. 적당한 프로그램을 만든 뒤 3,000만 원 투자하면 월 150만 원을 주겠다는 감언이설로 사람을 유혹한다. 얼마나 달콤한가.

편하게 돈을 벌고 싶은 사람들이 그 덫에 걸린다. 그래서 전세금까지 빼 6,000만 원을 투자한 뒤 쉽게 벌어 행복하게 사는 꿈을 꾼다. 그러나 사기꾼은 돈만 받은 채 잠적한다. 과거에도, 지금도 앞으로도 끊임없이 일어나는 사기꾼과 피해자의 스토리이다. 둘 다 부자의 꿈을 꾸고 도전했지만, 부지런함이 빠진 것이기에 허무하다.

그래서 사기꾼도 피해자도, 결국 가난해진다. 사기꾼은 아무리 많이 모아도 금방 탕진한다. 부지런히 일해 벌지 않았기 때문이다. 들키면 빼앗길 돈, 써버리는 것이 그들에겐 편하다. 따라서 사기꾼이 잡혀도 남은 돈은 없는 경우가 허다하다.

피해자도 마찬가지다. 물론 선의의 피해자도 있다. 그러나 그들 중엔 쉽게 벌겠다는 생각 때문에 사기의 유혹에 넘어간 경우도 많다. 결국 부지런함 없이 부자의 꿈을 꾸는 것은 사기꾼의 먹잇감으로 스스로를 던지는 것과 같다.

『정상에서 만납시다』의 작가 지그 지글러는 그래서 "공짜

치즈는 쥐덫 안에 있다"라고 강조한다. 그는 "적게 노력하며 많은 것을 얻으려는 태도는 죽음에 이르는 길"이라고 경고한다.

이 같은 현실은 에스키모의 늑대 사냥에 비유된다. 늑대 사냥에 나선 에스키모는 면도칼처럼 날카로운 칼에 피를 흠뻑 묻힌 다음 얼린다. 그 뒤 칼날을 위쪽으로 해 얼어붙은 땅 속에 박는다.

피 냄새를 맡은 늑대들은 '웬 떡이냐!'를 외치며 칼날을 핥는다. 얼어서 무감각해진 늑대의 혓바닥은 어느새 날카로운 칼끝을 핥기 시작한다. 자신의 피를 흘리기 시작한 늑대는 그 피에 끌려 죽음에 이를 때까지 더 빠른 속도로 칼날을 핥는다.

꿈과 도전은 부지런함과 유기적으로 연결돼야 한다. 그렇지 않다면 우리가 얻을 수 있는 것은 크지 않다.

부지런하면 굶어죽지 않는다

앞서 본 것처럼 성공은 꿈과 도전만으로는 이루기 어렵다. 그러나 부지런하다면 설사 꿈과 도전이 없어도 먹고는 산다. 이를 보여주는 것이 "부지런하면 어디 가도 굶어 죽지 않는다"

라는 말이다. 더 나아가 부지런함은 꿈과 도전을 불러일으킬 수 있다. 열심히 해서 얻은 성취감이 사람들에게 꿈을 줄 수 있기 때문이다.

그 말을 증명하는 생생한 현장이 미국의 한인 타운이다. 낯선 미국에 건너간 많은 한국인들은 부지런함으로 기반을 잡는다. 이를 바탕으로 큰 부자가 된 경우도 많다.

우리의 부지런함은 LA에서 다른 민족과 비교되기에 특히 피부로 느낄 수 있다. 한인 타운엔 우리나라와 마찬가지로 새벽까지 장사하는 호프집이 많다. 저녁 11시면 문을 닫는 다른 가게들과 사뭇 다른 풍경이다. 늦게까지 일하는 민족임을 보여주는 첫째 증거다. 따라서 늦은 밤 LA에서 술 좋아하는 사람들은 한인 타운으로 몰린다.

그런데 우리만큼 놀기 좋아하는 또 다른 민족이 있다. 바로 남미 사람들이다. 그래서 밤늦게까지 놀고 마시는 일에서 우리와 통한다. 그런데 한 가지 차이가 있다. 우리나라 사람들은 밤늦게까지 술을 마셔도 다음날 정시에 출근한다. 반면에 남미 사람들은 다음날 출근하지 않는 경우가 많다고 한다.

늦게까지 놀아도 다음날 정시에 출근하는 것을 우린 당연히 생각한다. 그래야 술 마실 자격이 있다고 본다. 그런데 남미 사람들은 하루 쉬는 것을 당연하게 받아들이기까지 한다고 한다. 새벽까지 놀아 피곤한 몸에 휴식이 필요하다고 생각하기 때문이다. 우리 민족의 근면을 보여주는 둘째 증거다.

물론 밤늦게 음주 가무에 젖는 일이 권할 만한 것은 아니다. 그러나 미국 땅에서 우리가 자리를 잡을 수 있었던 이면에는, 아무리 마셔도 다음날 일찍 출근하는 부지런함이 있었기 때문이다. 이런 맥락에서 부지런함은 번지점프대를 뛰는 사람의 발에 묶인 끈이다. 그 끈은 아무리 먼 곳으로 몸을 던져도 목숨을 지켜준다. 아메리칸 드림을 위해 미국으로 간 사람들이 이를 증명한다.

구조조정, 정리해고 등으로 밀려 떨어지는 경우도 마찬가지다. 부지런히 움직이면 결코 인생의 낙오자는 되지 않는다. 오히려 전화위복의 기회를 잡을 수 있다. 40대 중반에 직장에서 쫓겨났던 정문술 전 미래산업 회장의 예가 이를 반증한다.

정리해고된 많은 이들이 자신을 '실패자'라고 생각하며 의욕을 상실한다. 하지만 부지런함은 어떤 상황에서도 끊임없이 깨어 있고 움직이려는 노력이다. 부지런함은 낯선 사막에 홀로 떨어진 사람도 살 수 있도록 한다.

꿈이 있다면 몸을 던져 앞으로 뛰어야 한다. 부지런함이라는 안전벨트가 있다면 결코 죽지 않는다.

21세기, 속도와 부지런함

이런 맥락에서 팔다리의 역할은 단지 수동적으로 머리의 지시만을 받는 존재가 아니다. 앞서 본 것처럼 부지런함은 꿈을 현실로 만드는 기적의 동력이다. 아무리 꿈을 꾸고 도전해도 부지런한 노력이 없다면 성공은 불가능하다.

특히 21세기에 접어들어 창의성이 강조되면서, 노골적으로 근면을 무시하는 경우도 생겨나고 있다. 그러나 첨단산업이나 창의적 사고가 필요한 곳에서도 부지런하지 않으면 성공하기 힘들다. 손발의 끊임없는 움직임이 결국 단터의 몸을 유기적으로 완성하기 때문이다.

광고의 신으로 불리는 오길비는 그래서 '창의력'을 앞세워 게으름을 칭송하는 광고인을 향해 "지식을 쌓아라"라고 외치며, "훌륭한 광고인은 남보다 더 많이 알아야 한다"라고 강조한다.

즉 부지런히 자료를 조사한 바탕이 있어야 창의적 광고도 만들 수 있다는 것이다. 그는 40개 국에 140여 개 사무소를 갖고 있을 정도로 성공한 기업가이기도 하다.

21세기는 오히려 근면이라는 전통적 가치가 더 필요한 시대다. 현대 사회의 승부는 '크기'가 아닌 '빠르기'에서 난다.

거대한 기업도 시대 조류를 읽지 못하거나 빠르게 대처하지 못하면 언제든 쇠락할 수 있다. 공룡 기업 IBM이 위기를 맞고 마이크로소프트를 포함한 벤처 기업이 크게 성장한 과정이 이를 설명한다.

'빠르기'는 부지런함에서 출발한다. 미래를 읽기 위한 부단한 준비와 이를 현실화하려는 노력은 부지런함을 요구한다.

국내 최초로 미들웨어 원천 기술을 개발한 티맥스 소프트의 박대연 사장은 심지어 일에 매달리다 연애할 시간도, 맞선을 볼 시간도 없어 50살이 된 나이에도 결혼을 못 했다고 한다. 친구도 친지도 일 때문에 만나지 못한다고 한다. 그는 가난 때문에 초등학교도 제대로 다니지 못했지만 늦은 나이에 미국 유학까지 마치고 KAIST 교수가 됐던 인물이다. 모든 성공한 부자가 그렇듯 첨단 IT 산업에서도 부지런함은 성공의 근원이다.

해도 안 되나봐 vs. 노력이 부족했어

예전에 이른바 치유력을 가진 사이비 교주가 있었다. 그가 손을 갖다 대면 환자의 병이 좋아지기도 했다. 그러나 100%는 아니다. 고쳐지지 않는 사람도 있다. 그러면 그는 '믿음이 부족해'라는 말을 한다. '믿음'이라는 단어는 모든 걸 설명하는 수단이 된다. 믿었기에 병이 나았고, 믿지 않아서 낫지 않은 것이다.

비유가 적절하지 않을 수 있겠으나 노력도 마찬가지다. 도전에 실패한 뒤 두 가지 생각을 할 수 있다. '해도 안 되나봐' 또는 '노력이 부족했어.' 전자가 강하면 포기하게 된다. 그러나 후자의 생각이 지배적이면 다시 일어설 힘을 얻는다.

예전에 한 농부가 10년간 열심히 농사를 지어 돈을 모으고, 독학으로 기술을 익혀 상황버섯을 재배할 수 있게 됐다. 그런데 기쁨도 잠시, 원인 모를 불이 나 버섯을 키우던 비닐하우스가 타버렸고, 10년간 모은 재산은 연기가 됐다.

이후 농부는 재기를 위해 빚을 끌어들여 다시 한번 버섯을 키웠다. 그런데 이번엔 구매를 약속한 도매상에게 사기를 당하는 등 악재가 겹쳐 신용불량자가 됐다.

반면에 그동안 서울의 집값은 몇 배가 뛰었다. 10년 넘게 모은 돈으로 만든 그의 비닐하우스가 불에 탈 때, 아파트 한 채 물려받은 이들은 앉아서 수억 원을 벌었다.

노력해도 안 되는 것이 세상일 수 있다. 나는 열심히 일했지만 빚더미에 올라앉고, 누구는 그저 평범히 살아가는데 몇억 원을 번다. 그래서 그 농부가 좌절한다면 이야기는 그것으로 끝이다. 일부는 그 좌절감 때문에 목숨을 끊기도 한다.

그러나 그는 다시 재기를 시작한다. 개인 회생 절차를 밟으며 다시 한번 부지런하게 새로운 도전을 준비한다. 이런 맥락에서 노력에는 끝이라는 것이 없다. 인간은 살아 있는 동안 조금 더 노력할 힘과 한 번 더 해볼 시간이 있다. 이 같은 힘과 시간이 있는 이상 '노력해도 안 돼' 라는 말은 진실이 아니다.

그것은 포도를 따먹지 못하자 '저건 신맛일꺼야' 라며 돌아서는 여우와 같은 것이다. 이런 맥락에서 '노력해도 안 된다'라는 말은 변명에 불과할 수 있다. 좌절하지 않는 이상 우리에겐 한 번 더 시도해볼 시간이 있다.

중국의 초석이 된 한나라를 세운 유방은 천하를 제패하겠다는 원대한 꿈을 꿨다. 그러나 점쟁이는 그의 손금을 들어 "천운을 타고 나지 못했다"라고 말했다. 유방이 천운의 손금이 어떤지 묻자 점쟁이는 줄을 그어 알려줬다. 유방은 즉시 칼을 꺼내 그 줄대로 자신의 손을 그었다. 손에서 피가 솟구치는 순간 유방은 말한다. "이제 천하는 내 것이오." 그는 결국 천하를 제패했다.

팔자소관이라는 말이 있다. 거스를 수 없는 굴레 안에 운명이 갇혀 있다는 말이다. 그래서 '팔자가 좋다'거나 '기구한 팔자'라는 말을 사람들은 쉽게 입에 담는다. 이걸 믿기 시작하면 꿈은 부질없는 짓이 된다. 운명을 개척할 수 있다는 생각은 '팔자'의 강력 수비에 막혀 좌절된다.

그러나 운명은 꿈을 갖고 도전하며 노력하는 자의 것이다. 꿈은 운명을 개척하는 길도 찾아내기 때문이다. 운이 정해졌다고 믿으면 그 밖을 벗어날 수 없다. 그러나 꿈이 운을 만들어간다면 사주팔자가 말한 정해진 운명은 극복할 수 있다.

디테일에 강하다

예전에 만났던 모 기업 대표가 "사람을 판단할 때 우선 그 사람이 몰고 온 차를 본다"라고 말해 잠시 그분을 다시 바라봤던 적이 있다. 고급차의 소유주인지 아닌지로 사람을 가린다는 말로 들렸기 때문이다.

그런데 이어지는 말은 이와 달랐다. 차를 얼마나 깔끔하게 정돈해갖고 다니느냐를 본다는 것이었다. 옷은 브랜드의 비싼 옷에 고급차를 몰고 왔지만, 세차가 안 돼 있거나 언뜻 보이는 차 내부가 지저분하다면 크게 신뢰를 하지 않는다는 것이다.

경험상 이런 사람의 경우 약속을 성실히 이행하지 않는다는 것이다. 그러나 차가 오래되고 소형이어도 깔끔하게 세차돼 있고, 내부가 잘 정돈돼 있으면 믿을 만하다는 것이다.

결국 그는 '차'라는 단면을 통해 '성실함'을 본 것이다. 그 성실함은 부지런함의 일종이다. 주변을 깔끔하게 정리하는 일은 사실 부지런하지 않으면 하기 힘들다. 내 주변을 깔끔히 정리하는 일은 부지런함을 키우는 일이다. 따라서 집이나 일터에서 잠시의 여유 시간이 남을 때, 할 일 없이 시간을 허비하지 말고 주변 정리를 깔끔히 하는 습관이 필요하다.

귀찮지만 주변을 늘 정돈하다보면 깔끔함이 주는 쾌감도 맛볼 수 있다. 더불어 인생이 효율적이 된다. 사실 다급한 순간에 우리는 필요한 것을 어디에 뒀는지 몰라 헤매는 경우가 많다.

예컨대 예전에 만났던 사람의 명함을 찾는다고 생각해보자. 그 명함을 여기저기 생각나는 대로 놔뒀다면 정작 필요한 순간 찾기 어렵다. 그러나 내 주변의 잡동사니를 깔끔하게 정리해놓았다면 언제든 찾을 수 있다.

『상도』라는 소설의 주인공으로 잘 알려진 조선시대의 거부 임상옥은 이 같은 주변 정리의 대가였다. 자기 주변을 늘 깔끔하게 정리해 어디에 무엇이 있는지 정확히 알았다고 한다. 주변의 정돈은 그가 많은 재산을 효율적으로 관리하는 데 큰 역할을 했다.

2인분 인성을 살다

『총각네 야채가게』의 이영석 사장은 부지런한 노력은 행상에 나선 첫해부터 시작되었다. 그는 전국 각지를 돌며 좋은 물건 구하는 법을 배우는 데 전력을 다했다. 그저 도매상에서 물건을 사 목 좋은 데서 파는 것에 그치지 않고, 전국 각지를 돌며, 좋은 야채와 과일 고르는 법, 신선하게 보는 법, 손님 시선 사로잡는 법 등을 배우기 위해 노력했다.

부지런함은 대치동에 가게를 낸 뒤도 마찬가지였다. 대부분 청과물 가게는 단골 도매상을 끼고 있다. 따라서 새벽 도매시장에 가는 일은 도매상이 맡고, 소매상은 그들에게 물건을 사다 판다. 하지만, 이영석 사장은 그 두 가지를 혼자 다하고 있다. 따라서 그의 기상시간은 새벽 두시 반. 세시까지 가락동 청과물 시장으로 가 7시간 동안 그날 판매할 과일과 야채를 고른다. 그 뒤 그는 가게로 가 다른 사람들과 같이 하루의 일과를 시작한다. 오후 6시 영업이 끝나고 직원과 회의하고 매상을 정리하면 10시쯤 잠자리에 들 수 있다고 한다. 그가 성공한 데에는 이런 부지런함이 바탕에 깔려있다. 도매상과 소매상이란 두 가지 역할을 한 몸으로 소화한 것이다. 즐기지 않고선 버티기 힘들지만 꿈을 담은 부지런함이기에 가능한 일이었다.

흥부전 뒤집어 보기

흥부전에 대해 모르는 사람은 없을 것이다. 착한 사람은 복을 받고, 악한 사람은 벌을 받는다는 권선징악이 그 안에 담겨 있다. 그 복을 받음으로써 흥부는 '벼락부자'가 된다. 흥부전은 아마 한국 최초의 벼락부자에 관한 이야기이기도 할 것이다.

벼락부자가 된 흥부는 과연 평생 행복했을까? 그가 평생 행복해야만 '권선징악'의 교훈은 의미가 있다. 결론은 그렇지 않았을 가능성이 높다. 이유인즉슨 부지런함과 검소함이 아닌, 로또와 마찬가지 일확천금을 통해 흥부가 돈을 모았기 때문이다.

우선 흥부와 그 가족은 어느 날 벼락처럼 쏟아진 부에 젖어 사치와 낭비벽에 빠졌을 것이다. 명품 장롱인 '화초장'에 관해 흥부가 놀부에게 자랑하는 대목에서 그 단초가 보인다. 가난한 시절 못 먹고 못 입었던 데 대한 보상심리까지 발동한다면 부의 소진 속도는 더 빨랐을 것이다.

거기다 흥부는 착하고 다소 무능하다. 그리고 결정적으로 흥부는 자식이 많다. 흥부 혼자 차지하기엔 많은 재산이지만, 그 재산을 10명이 넘는 자식 수로 나누면 일인당 돌아갈 몫은 크지 않다. 따라서 자

식들 사이에서 재산을 조금이라도 더 차지하려는 다툼이 벌어지고, 가난했지만 좋았던 가족간 우의에 금이 갈 수도 있다.

결국 흥부는 10여 년이 지난 뒤 예전처럼 가난하게 살게 되는 한편, 자식 혹은 부부간 애정은 과거보다도 못한 삶을 살게 될 가능성이 높다. 권선징악의 교훈이 흥부전 후속편으로 가면 이야기가 전혀 딴판으로 전개될 수도 있다는 것은 전혀 근거 없는 상상이 아니다. 보도 등을 통해 우리는 로또 대박을 터뜨린 사람 가운데 원래 삶보다 못한 삶을 사는 경우가 한둘이 아님을 알고 있다. 결국 흥부가 대박을 터뜨린 것을 부러워할 필요는 없다. 대박은 어쩌면 흥부를 더 불행하게 만드는 길이었을 수도 있기 때문이다.

필자가 아는 분 중에서 하루 용돈 1만 원 중 1,000~2,000원을 아껴 매주 평균 1만 원 정도의 로또를 사는 데 사용하는 사람이 있었다. 그분이 여기에 쓰는 돈을 1년간 아낀다면 48만 원, 10년이면 480만 원이 된다. 물론 30년이면 1,500만 원이고, 이자까지 합치면 2,000만 원이 넘는다.

흥부전 이야기와 함께 로또 구입 비용을 차라리 저축하시면 어떻겠느냐고 그분께 넌지시 권해봤다. 그분은 그냥 웃기만 하셨다. 여러분이라면 어떻게 했을까. 한번 생각해보는 것도 재미있겠다.

Trust

돈 이상의 가치를 만드는 관계

'인간관계의 달인'은 남들과 쉽게 어울리고 상대의 자긍심을 세워 줌으로써 상대를 한 단계 더 높은 수준으로 끌어올려 준다. 그들과의 만남은 항상 유쾌하고 스스로 발전하는 경험을 갖게 하기 때문에, 사람들은 항상 그들과 함께 있고 싶어 한다.

― 존 맥스웰

돈 이상의 가치를 만드는 관계

천국의 길, 지옥의 길

진수성찬이 천국과 지옥에 각각 차려졌다. 그리고 아주 긴 수저가 각자에게 주어졌다. 그 수저는 너무 길어서, 도저히 음식을 입에 넣을 수가 없었다. 그런데 천국 사람들은 그 성찬을 맛있게 먹은 반면, 지옥 사람들은 그렇지 못했다.

이유는 딱 하나다. 천국의 사람들은 수저에 음식을 떠 앞 사람 입에 넣어줬다. 그랬더니 앞 사람도 음식을 그에게 주었다. 서로 신뢰하고 도운 것이다.

반면에 지옥 사람들은 음식을 자신의 입에 넣으려고만 했다. 그러나 수저가 길어 음식은 들어오지 않았다. 결국 지옥의 주민들은 모두 굶고 말았다.

위에서 말한 천국과 지옥의 비유는 필자가 어릴 적에 들었던 이야기다. 당시 뭔가 심오함이 느껴지면서도, 눈 감으면 코 베어 가는 세상에 가당치도 않은 말이라 생각했다. 그런데 부자들을 만나면서, 그들이 천국의 식탁에 모인 사람들을 닮았다는 인상을 받는다.

많은 부자들은 상대를 도우면 그들도 보답한다고 말한다. 설사 내가 직접 도운 사람이 아니어도 그만큼의 도움이 반드시 온다는 것이 그들의 말이다. 따라서 부자가 되려면 주변 사람을 먼저 부자로 만들어야 한다는 것이다.

서울 시내 네 곳에 대형 자동차 정비소를 운영하는 어떤 분의 예가 그 대표적인 경우이다. 그는 공고를 나와 자동차 회사에 잠시 다닌 뒤 정비소에 취직을 했다. 본인의 말에 따르면 "사장님이 돈 많이 벌고 고객이 좋은 서비스를 받을 수 있도록 열심히 일했다"라고 한다. 부지런한 성품상 그분은 충분히 그러고도 남았을 것이다. 그는 '그래야 내 월급도 올라갈 수 있다'라고도 생각했다.

그런데 그에게 우연찮은 기회가 왔다. 그를 눈여겨본 한 고객이 투자를 제안한 것이다. 그 투자를 바탕으로 그분은 자리를 잡았으며, 결국 부자가 됐다. 결국 누군가를 돕는다는 자세가 본인의 신뢰를 높이며 성공의 밑거름이 된 셈이다.

이런 이야기가 물론 정직하고 부지런하며 성실한 '모범생'이 돈을 번다는 도덕 교과서적인 말은 아니다. 사실 신뢰가 나쁘게 사용될 경우엔 '부정과 부패'로 이어질 수도 있다. 내가 한입 슬쩍 상대방에게 넣어주고, 나를 신뢰한 상대방도 내입에 넣어준다. 조사관이 와서 누가 먹었는지 물어도 이들은 신뢰가 구축됐기에 입을 다문다. 만일 지옥이었다면 내부고발자가 쏟아졌을 것이다.

그래서 서양 속담에 보수는 부패로 망하고 진보는 분열로 망한다는 말이 있다. 여기서 보수는 대부분 국가에서 부자들이 따르는 이데올로기다. 우리나라도 이것이 그대로 적용되는데, 보수정당 한나라당은 부패로 한때 많은 고통을 겪었다. 이런 맥락에서 부자가 되는 신뢰 구축은 도덕 교과서와 상관없다.

신뢰와 배신의 이중주

그렇다면 신뢰의 의미는 무엇일까. 그 의미와 중요성에 대해 얘기하기에 앞서 짚어봐야 할 것이, 신뢰와 배신과의 관계다. 살다보면 열심히 남을 도왔지만 배신당하는 경우가 있다. 앞서 천국의 식탁을 비유로 들자면, 열심히 퍼줬는데 상대방이 받기만 할 뿐 주지 않는 것이다.

따라서 인간 세상에선 천국과 달리 갖은 수단을 써서 상대에게 많이 받아낸 뒤, 줄 때는 모른 척하는 사람이 돈을 번다고 생각할 수 있다. 사람들은 성공을 위해 적게 주고 많이 얻는 방법에 골몰하기도 한다. 온갖 감언이설로 제품을 판 뒤 애프터서비스엔 입을 씻는 경우도 많다. 언뜻 보기에는 그런 사람이 성공하는 듯 보인다. 그러나 세상은 그리 간단치가 않다.

비위생적 환경에서 콩나물을 재배하다 적발되는 사람들이 있다. 요즘은 뜸하지만, 예전엔 심심치 않게 뉴스에 보도되곤 했다. 그들은 받아먹기만 할 뿐 떠주지는 않는 대표적 존재일 것이다. 믿고 돈을 내놓는 소비자에게 그들은 배신으로 보답한다. 더불어 제대로 콩나물을 재배하던 사람은 가격 경쟁력 상실로 문을 닫는다. 악화가 양화를 몰아내는 것이다.

그렇다면 이런 콩나물 업자들이 부자가 될까? 세상의 묘함은 일이 여기서 끝나지 않는 데 있다. 사람들은 콩나물 대신 다른 반찬을 만들어 먹는다. 혹은 콩나물을 직접 재배해 먹기도 한다. 어린 시절, 불량 콩나물 기사가 신문에 자주 나오자 내

부모님은 아예 콩나물을 직접 집에서 기르셨다. 따라서 콩나물 업자는 줄어든 소비 때문에 큰돈을 벌 수 없다. 작은 욕심을 부리다 지옥 같은 상황에 빠지는 것이다.

상황은 한발 더 진행된다. 풀무원이라는 회사가 등장한 것이다. 그 회사는 반대로 더 제대로 콩나물을 재배한다. 신뢰를 담은 것이다. 다른 콩나물 업자들이 단속을 피해 불결한 환경에서 경쟁할 때, 풀무원은 신뢰의 블루오션을 개척한다. 풀무원은 대형 식품업체로 성장하고, 다른 업자들은 시장을 빼앗긴다.

사실 세상은 배신으로 가득하다. 언제든 상대를 저버릴 준비가 돼 있는 경우가 많다. 그래서 유행가 가사처럼 '속고 속이는 게 세상' 일 수 있다.

그런데 역설적이게도 이런 상황은 신뢰의 가치를 그만큼 더 높여준다. 보석이 비싼 이유는 그 희소성에 있다. 즉 지구상에 존재하는 양이 적기에 높은 부가가치를 만들며 비싼 가격에 거래된다. 신뢰 역시 마찬가지다. 눈 감으면 코 베어 간다고, 다른 사람들을 속이려는 사람들이 많을수록 신뢰의 가치는 오히려 높아진다.

이것이 세상에 존재하는 기막힌 역설이고, 부자는 그 역설을 육감으로 이해하고 있는 사람이다. 따라서 신뢰를 지키는 것은 한 차원 높은 이기적 행동이고, 성공으로 가는 길이다. 그래서 부자가 된 이들은 신뢰에 목숨을 거는 경우도 있다. 얼토당토않은 환불 요구에도 웃으며 응대한다. 물론 단기적으로는 손해다. 그러나 그렇게 해서 쌓은 신뢰는 다른 사람보다 높은 차원으로 가는 길이다. 상대방의 배신에 대해 동일한 방법으로 대응한다면 같은 차원에 머무를 뿐이다.

결국 천국의 사람들은 자신이 배부르기 위해 남을 돕는 것이다. 그것만이 성공을 끌어낼 수 있기 때문이다. 반면에 지옥의 사람들은 서로 돕는 신뢰 구축이 성공의 관건이라는 사실을 몰랐다. 내 것도 내 것이고 남의 것도 내 것인 놀부 심보로는 오히려 돈을 못 버는 것이 세상 이다.

사실 지옥 사람들도 처음부터 서로 떠먹이는 걸 거부하진 않았을 것이다. 처음엔 천국과 비슷했을 수 있다. 그런데 어떤 한 사람이 남이 주는 걸 먹고도 자신은 떠주지 않기 시작하면서 문제가 꼬인다. 이런 얌체족이 하나둘 늘면서 열심히 떠주던 사람은 배신감을 느낀다. 따라서 상대방에게 주지 않고 혼자만 먹으려 한다. 떠줘도 돌아오는 것이 없는 이상, 힘들게 남들을 먹여 살릴 필요가 없다. 결국 모든 사람은 서로 떠주지 않고 자기만 먹으려 해 지옥이 된다.

가끔 조금 먼저 가겠다고 신호가 바뀌는데 사거리에 들어서 다른 차의 흐름을 방해하는 사람들이 있다. 결국 길은 꽉 막

히고 모든 사람이 늦어진다. 닥터가 되는 것은 쉬운 듯하면서도 이렇듯 어려운 것이다. 한발 더 멀리 보는 자세가 닥터에겐 필요하다.

신뢰는 받는 것이 아니라 주는 것

결국 신뢰는 '타인의 믿음 얻기' 차원을 넘어, 상대가 배신해도 퍼주기를 중단하지 않는 태도다. 내가 한입 주었을 때 상대방이 모른 척해도 화내거나 분노하지 않는 것이다. 그 대신에 오히려 다시 한술 더 건네는 마음이 신뢰다. 그래서 세계적 경영 컨설턴트 나폴레온 힐은 17가지 성공철학 가운데 첫손으로 '보상을 생각하지 말고 일하는 습관'을 꼽았다. 그는 "어떤 직업이든 성공하기 위해 가장 중요한 원칙은 기꺼이 무보수로 일하겠다는 정신"이라며 "이는 보수를 받기보다는 긍정적인 정신자세로 더 많은, 더 나은 서비스를 행하는 것"이라고 말한다.

그래서 닥터는 열 사람에게 도움을 줘 아홉 사람으로부터 배신감을 느낀다 해도 서운해 하지 않는다. 반대로 단 한 명의 친구라도 그 과정에서 얻는다면 기뻐한다. 그 한 사람이 결국 자신에게 이득을 가져다줄 친구이기 때문이다. 9명이 등을 돌렸다는 배신감에 떠주길 포기하면 그 한 명을 찾아낼 수 없고, 나 역시 굶는다.

그 오묘함은 2대8의 법칙이라는 프리즘을 통해 더 선명해진다. 2대8 법칙은 이탈리아 경제학자 빌프레도 파레토가 발견한 것으로, 전 인구의 20%가 부의 80%를 차지하고 있다는 내용이다. 처음엔 19세기 영국을 대상으로 조사했는데, 어느 시대 어느 사회를 보더라도 결과는 마찬가지였다.

재미있는 것은 2대8의 원리가 우리 사회 여러 곳에 존재한다는 사실이다. 대다수 기업에서 소비자의 20%가 매출의 80%를 책임진다고 한다. 더불어 20%의 제품이 매출 80%를 올린다. 전화도 통화 상대자 중 20% 사람과의 통화가 전체 통화의 80% 가량을 차지한다. 사람들은 소유한 옷 중 20%로 80%의 시간을 지낸다. 이렇듯 2대8의 분할은 사회 곳곳에 숨어 있다.

신뢰의 시장도 마찬가지다. 구체적인 사례조사는 해본 적이 없지만, 10명을 도와주면 그 가운데 2명은 보답하고 8명은 그렇지 않는 경우가 허다하다. 그래서 사람들은 배신이 넘쳐흐른다고 생각한다. 그런데 중요한 건 성공의 80%가 배신한 여덟 명이 아닌 나를 도운 두 명에게서 비롯된다는 점이다.

예들 들어 내가 영업사원이 돼 10명을 돕는다. 그런데 그

가운데 8명은 도움만 받고 말거나 역으로 이를 악용하기도 한다. 그런데 한두 명이 결정적인 거래처를 연결해주거나 사업상 도움을 준다. 그리고 그것이 바탕이 돼 꿈꾸는 목표를 이루게 된다.

따라서 10명을 도와 그중 두 명만 보답해온다고 해도, 실상 내가 받아야 할 보상의 80% 이상을 받는 것이나 마찬가지다. 나아가 만일 10명에게 도움을 받으려 한다면, 내가 먼저 50명을 도와야 한다.

이런 맥락에서 신뢰의 승률은 야구 타율과 닮았다. 야구 선수가 타율 3할이면 훌륭한 선수 대접을 받는다. 그리고 대부분의 선수들이 2할대다. 신뢰의 타율 역시 2할대 정도이고, 이 정도면 결코 실망할 수준이 아니다.

사실 사람은 관계 안에서 살아간다. 킬리만자로의 표범처럼 혼자 살 수는 없다. 특히 현대인은 타인의 노동 없이는 단 하루도 살기 어렵다. 우린 다른 사람이 생산한 곡식과 옷, 그리고 집이 있어야만 살아갈 수 있다.

그 집단을 궁극적으로 끌어가는 것은 신뢰다. 그리고 그것은 주는 것에서 출발한다. 주다보면 보답이 돌아온다.

그런데 신뢰가 주는 것보다 받는 것에서 시작한다고 생각하는 경향이 있다. 나를 신뢰하도록 만드는 것이 '신뢰의 요체' 라는 믿음이다. 그래서 사람들이 자신을 믿도록 때로는 좋은 차와 멋진 옷으로 연극도 하고 연출도 한다. 더불어 내가 당신에게 늘 퍼줄 자세가 돼 있다는 믿음을 주기 위한 여러 가지 행동을 한다. 이런 사람은 '나는 퍼줄 자세가 됐으니 당신이 먼저 날 도우라' 라고 말하는 것과 같다. 그러나 이는 큰 효과를 거두기 어렵다.

신뢰는 우선 퍼주고 보는 것이다. 내가 신뢰를 주면 상대방도 나에게 신뢰를 준다. 물론 그 신뢰를 배신으로 갚는 사람이 있다. 그렇다고 내가 준 신뢰가 사라지는 건 아니다.

물론 무작정 아무나 도우라는 말은 아니다. 당연히 믿을 만한 사람, 자신에게 득이 될 사람, 친분이 있는 사람을 돕는다. 우리가 자선 사업가는 아니기 때문이다. 그러나 보답이 없다고 결코 실망하지 않는 것이 바로 신뢰다.

사회의 부가 2대8인 이유

더 나아가 신뢰의 2대8 법칙은 20%의 사람이 80%의 부를 갖게 되는 원인이자 이유일 수도 있다. 20%의 사람이 80%의 부를 차지하는 사회 현상 이면에 신뢰가 자리하고 있다는 말이다.

예컨대 천국이건 지옥이건, 100명의 사람이 진수성찬 앞에 앉아 있다고 하자. 수저는 마찬가지로 스스로 떠먹기 어려울 만큼 길다.

처음에는 모든 이들이 수저로 자기 입에 음식을 넣으려 안간힘을 다한다. 그러다 몇 명이 다른 사람 입에 음식을 넣어주기 시작한다. 새로운 방법을 찾은 것이다. 그것이 신뢰다. 그런데 음식을 받은 사람들이 먹고서 아무런 보답이 없다. 기분이 나빠진 일부는 상대방 떠주기를 포기한다.

그러나 몇 명은 그럼에도 불구하고 나에 대한, 세상에 대한 신뢰를 잃지 않고 꾸준히 떠주기를 계속한다. 그러다 아홉째 사람에게 음식을 떠주고서야 나에게 보답하는 상대를 찾게 된다. 드디어 서로 떠주는 사람을 만난 것이다. 그리고 그런 사람들이 뭉치기 시작한다. 대략 그 인원이 100명 중 20명 정도가 되는 것이다.

그 결과는 무엇일까. 20명이 식탁에 차려진 음식의 80%를 사실상 소유하게 되는 것이다. 그들만이 음식을 퍼 담을 수 있기 때문이다. 한편 나머지 80%는 안간힘을 써서 가까스로 20%의 음식을 차지한다.

평범한 정서를 가진 사람이라면 3~4명을 돕다가 보답이 없으면 좌절한다. 더 나아가 도움이 배신으로 돌아오면 세상에 믿을 사람 없다는 분노가 치솟는다. 장 발장은 배고픈 자신을 먹이고 재워준 성당에서 은촛대를 훔쳐 달아난다. 그가 붙잡혀 되돌아오자 신부는 "자신이 가져가라고 준 것"이라고 말한다. 대부분의 사람에게 그 신부처럼 행동하기는 상상하기도 어려운 일이다.

더 나아가 내가 한 숟가락씩 10명에게 퍼주면 10명에게 보답 받아야 한다고 생각하는 경우도 있다. 타석에 들어설 때마다 안타를 쳐야 한다는 생각과 같다.

이런 생각이 배신감을 키우고, 결국 퍼주기를 중단하고 혼자 어떻게든 먹고자 하는 심리를 만든다. 그동안 퍼준 것에 대한 보상심리 때문에 받기만 하고 퍼주지 않는 경우도 있다. 배신감을 학습한 것이다. 하지만 그 단계를 넘어설 때, 부자가 되는 데 필요한 신뢰는 내 몸 안에 축적된다.

신뢰는 사회에 대한 믿음

결국 신뢰는 내가 발 딛고 살아가는 사회에 대해 믿음을 갖는 것이다. 내가 주는 만큼 사회도 돌려준다는 믿음이 신뢰의 바탕에 깔린 철학인 셈이다.

이 같은 신뢰가 있을 때 사람들은 삶에 대한 의욕과 열정을 만들어낼 수 있다. 반대에 믿음이 없어진다면 사회라는 바다에 떠 있기 어려워 자꾸 수면 아래로 가라앉게 된다.

물론 내가 믿고 준 만큼 돌려받지 못한다는 느낌이 들 때가 많다. 때로는 나는 주었는데 사회는 아무것도 해주지 않는다는 절망감에 빠지기도 한다. 그러나 내가 뿌린 만큼 언젠가 거둘 수 있다는 신념을 가져야 할 필요가 있다. 그 믿음을 바탕에 깔고 있는 사람이 부자가 될 확률이 높기 때문이다.

일본에서 생불로 추앙받는 하쿠인〔白隱〕선사라는 분이 있었다. 그가 스물세 살 때 있었던 일이다. 하루는 세속의 친구 두 명과 고향을 향해 가고 있었다. 그런데 그중 한 명이 배가 아프다고 해, 하쿠인은 그의 짐을 받아 들었다. 그런데 얼마 안 가 다른 한 사람도 너무 힘들다며 짐을 덩치 큰 하쿠인에게 떠넘기는 것이 아닌가.

하쿠인은 자기 생각만 하는 친구들의 행동을 지적하고 싶었으나, 마음을 고쳐먹고 세 명의 짐을 다 지고 간다.

하쿠인이 두거운 짐을 벗게 된 것은 해변가에서 배를 타고 나서였다. 무리를 한 탓에 하쿠인은 배가 떠나는 것을 보면서 세상 모르고 잠에 빠져들었다. 하루 밤낮을 죽은 듯이 자고 난 하쿠인이 눈을 떠보니 배가 어제 출발했던 곳에 그대로 있지 않은가.

그는 깜짝 놀라 배가 왜 그대로인지 물었다. 그러자 뱃사공은 놀란 눈으로 그를 쳐다보며 말했다.

"당신이 사람이요? 어젯밤 폭풍우가 불어닥쳐 다른 배는 다 난파되고, 이 배만 겨우 살아 돌아왔소. 당신은 그 아수라장 속에서도 잠만 잤으니, 평생 사공 짓을 하다 당신 같은 사람은 처음이오."

정신이 퍼뜩 들어 주변을 돌아보니 승객들 전부는 탈진해 있었고, 토사물이 바닥에 가득했다.

하쿠인은 여기서 큰 깨달음을 얻었다고 한다. 하쿠인은 제자들에게 "남모르게 덕을 쌓은 사람은 반드시 나중에 복을 받는다는 사실을 나는 그때 몸으로 경험했다"라고 자주 말하곤 했다.

사실 주는 것과 받는 것은 동시적 현상이다. 한쪽에서 줘야 다른 쪽이 받을 수 있고, 더불어 모든 교환은 주는 동시에 받는다. 내가 상대방에게 물건(또는 서비스)을 주면 그는 나에게 돈을 준다. 이것이 장사다. 반대로 돈을 주면 상대방은 물건을 준다. 내가 신뢰를 주는 순간 어떤 형태로든 그만큼의 보답이 다시 돌아온다. 이것이 우리가 살아가는 사회의 이치다.

단터는 단터를 알아본다

이미 성공한 이들의 도움이 있다면 더 빨리 부자가 될 수 있다. 그래서 부자 되기를 원하면 부자들 옆에 있으라는 격언도 있다. 앤드루 카네기는 철강업으로 성공했을 뿐 아니라 많은 기업가를 양성했다. 카네기가 키운 사람들은 대부분 평범한 일용직 근로자에서 시작해 출세했고, 카네기의 도움으로 큰 재산을 모았다.

그렇다면 부자가 도움을 주는 기준은 뭘까. 바로 신뢰다. 기꺼이 다른 이에게 퍼줄 자세가 있는 사람을 부자는 돕는다. 그런 사람이 자격이 있다고 판단하기 때문이다. 그들도 신뢰로 인연을 맺었기에 같은 주파수로 사람을 찾는 것이다.

카네기 역시 근로자들에게 '얼마나 기꺼이 무보수로 일할 수 있는지'를 테스트했다. 이 시험을 통과해 성공한 대표적 인물이 US 철강 사장을 지낸 찰스 슈워브(Charles M. Schwab)이다. 슈워브가 처음 카네기의 주목을 끌었을 때, 그는 철강 공장의 일용직 노무자였다. 카네기는 그가 언제나 자기 보수 이상으로 일하고 더 나은 서비스를 한다고 판단했다.

그는 또한 항상 즐겁게 일했고, 동료들 사이에 인기도 높았다. 그는 승진을 거듭해 연봉 100~200만 달러의 급료를 받는 거대한 U.S. 철강 사장이 된다.

그러나 사람들에게 '무보수로 일할 자세'를 요구하면, 대개는 경계심을 자아낸다. 교묘히 악용될 수 있기 때문이다. 즉 고생만 하고 돈은 못 버는 상황이 올 수 있다.

실제로 일부 사업가는 '돈보다 미래를 보고 가자'라며 사람을 당긴 뒤 부려먹기만 한다. 당하고 나면 분노가 치민다. 의도가 순수했어도, 결과적으로는 일이 풀리지 않아 고생만 하는 경우도 수두룩하다.

이렇듯 배신을 경험하면 '돈보다…'를 외치는 자에 대한 경계가 강화된다. 반면에 줄 것과 받을 것에 대한 계산은 빨라진다. 많은 사람이 겪는 과정이다.

그러나 배신감이 드는 순간에, 멀리 보고 파고를 넘는 의연함이 때로는 요구된다. 결국 승률 2할의 싸움이다. 게임을 계속하면 언젠가 안타가 나온다. 그러나 한두 번 해본 뒤 포기하면 결국 아무것도 일어나지 않는다.

더불어 눈속임으로 한 숟가락씩 얻어먹어선 결코 부자가 될 수 없다는 것도 기억할 필요가 있다. 결국 지옥의 구성원이 될 뿐이다.

중국인들이 해외에서 성공하는 이유

세계 진출에 성공한 대표적 민족이 중국인이다. 중국인들은 불법 혹은 합법적 이민으로 해외로 나가 자리 잡은 경우가 많다. 전 세계 모든 곳에 차이나타운이 번성하고, 이들은 중국의 경제 성장에도 큰 역할을 한다. 그래서 타국에 나가 가장 잘사는 민족이 유대인이고 그 다음이 화교라는 말이 있다.

그런데 중국인이 낯선 타지에서 부자가 되는 데는 '신뢰'가 큰 역할을 했다고 한다. 중국인들은 이민자가 오면 십시일반으로 돈을 모아 그가 가게를 낼 수 있도록 돕는다. 더불어 그 가게에서 물건을 팔아줌으로써 이민 온 사람이 자리를 잡도록 한다. 물론 이민자도 부지런히 일한다.

이를 통해 안정을 찾은 화교는 자기 뒤에 온 사람에게 같은 도움을 제공한다. 더불어 먼저 왔던 사람에게 문제가 생겼을 경우 발 벗고 나선다. 나중에 온 사람이 큰 부자가 돼 중국 커뮤니티를 이끌기도 한다.

그들이 이처럼 서로 돕는 바탕에 바로 신뢰가 있다. 내가 상대방에게 밥을 퍼줌으로써 차후에 내가 도움을 받는 것이다. 기진맥진한 동포를 십시일반 돕고, 그것이 서로를 부자로 만드는 민족적 유대감을 형성한다.

유대인 역시 타민족에 대해서는 배타적이지만, 민족 구성원 간에는 신뢰가 대단한 것으로 알려졌다. 2,000년 넘게 외지를 떠돌며 형성된 민족의식이 강할 수밖에 없다.

반대로 도와주는 척하며 이민 온 동족 사람을 사기 치는 민족도 있다고 한다. 사실 말도 안 통하는 타지에 온 사람들은 자기 민족 사람에게 의지하게 된다. 이들에게 모든 걸 다 해줄 것처럼 돕는 척하다, 알맹이만 뺏는 것이다.

예컨대 불법 이민자에게 돕는 척하며 일자리를 제공해주는데, 나중에는 고발한다고 협박을 하며 임금을 주지 않는 것이다. 그렇게 사기를 당한 사람은 당연히 그 다음 이민자에게 같은 일을 한다. 결국 그 민족은 제대로 미국에 정착하지 못한다.

앞서 중국의 경우가 천국의 비유를 닮았다면, 이 경우는 지옥과 유사하다. 신뢰가 부자가 되는 데 얼마나 중요한지 보여주는 또 다른 예이다.

신뢰, 조직의 제1 원칙

미래산업의 정문술 전 회장은 재직 시절에 돈이 필요하면 일단 갖다 쓰고 품의는 나중에 하는 '사후 품의제'를 실시했었다. 특히 연구원은 품의 없이도 돈을 쓰고 나중에 영수증만 첨부해 보고할 수 있도록 했다. 경리과에는 연구원이 돈을 달라면 원하는 만큼 주라는 지시도 해뒀다. 이에 경리 담당 이사는 '회사 망해먹을 사람'이라고 그를 속으로 비난했다고 한다.

정 회장은 기업 조직이 경쟁력 확보에 필요한 신뢰를 어떻게 만들어야 하는지 보여준 대표적 예일 것이다. 정 회장의 행동은 앞서 언급한 천국의 식탁을 닮았다. 상대방을 믿고 그의 입속으로 밥을 퍼 나르는 것이다. 이런 경영이 일부 직원의 무절제한 지출로 어느 정도 낭비를 가져올 수도 있다. 그것 역시 참고 견디는 것이다.

정 회장 역시 이를 인정한다. 그는 "사후 결재 도입이 엄청난 낭비를 발생시키지는 않았다"라며 어느 정도의 지출 증가를 간접 시인했다. 2대8의 법칙에 따라 직원 8명은 인색하게 굴었을 때보다 회사 돈을 더 썼을 수 있다.

그러나 정 회장은 직관적으로 '사후 결재'가 결과적 득이라는 걸 통찰했을 것이다. 비록 여덟 명이 낭비해도 나머지 둘이 더 벌어올 것을 직감했을 수 있다. 회사를 내 것처럼 생각한 일부가 낭비를 줄일 획기적 아이디어를 내거나, 다단한 기술 개발에 성공했을 수 있다.

더불어 여덟 명 역시 신뢰의 정도가 깊어지며 회사를 내 것

같이 생각하고 낭비되는 요소를 알아서 줄여 나간다. 지옥에 나타난 누군가가 자기 입에만 넣으려는 사람들에게 끊임없이 퍼주기만 한다면 그곳도 변하게 돼 있다. 이것이 기업 내부의 신뢰를 높여 혈액순환을 활성화화는 길이다. 신뢰가 천국과 같은 조직을 만드는 것이다.

그런데 많은 조직은 너무나 지옥을 닮았다. 직원은 회사가 자신의 노력만큼 보상하지 않는다고 생각한다. 즉 회사에 세 숟가락 주는데 사장은 한 숟가락만 준다고 불평한다. 사장도 마찬가지다. 직원들이 받아먹기만 할 뿐 주는 법을 모른다고 말한다.

그러면서 서로 원수가 되고, 그럴수록 경영자는 감시와 통제로 모든 걸 해결하려 한다. 경영진은 모든 일에 각종 서류와 문서를 첨부하도록 지시한다. 회사를 위해 쓰는 돈이지만 비용을 청구할 때면 직원들은 뀌가는 느낌이 들 때도 있다. 조직에 대한 신뢰는 떨어지고, 직원은 가능한 한 적게 일하고 많이 가져가려 한다.

성공을 위해선 조직 내 신뢰가 절대적 요소이다. 상하 혹은 동료 간 신뢰가 무너지면 경쟁력 유지가 어렵다.

따라서 회사가 날 슬프게 해도 노여워하거나, 최선을 다하는 자세를 잊어선 안 된다. 각자는 회사의 직원이기 이전에 자신의 삶을 이끄는 최고경영자다. 회사 때문에 내 인생에 최선을 다하지 않는 것은 바보스럽다.

경영층 역시 마찬가지다. 정 회장이 보였던 것처럼 직원에게 무한한 신뢰를 보여야 한다. 그래야 리더를 믿고 따르는 내적 동기가 생긴다. 결국 기업 구성원 전부는 한 배를 탄 공동운명체다. 더 나아가 내가 열심히 다른 사람의 성공을 위해서 일한다는 자세를 갖고 있을 때, 나 역시 그만큼의 도움을 받을 수 있다.

신뢰 없인 벌어도 못 벌어도 망한다

사업에 나서는 사람이 동업을 하겠다면 주변에선 말린다. 동업은 반드시 깨진다는 것이 상식이기 때문이다. 동업은 잘 되도 안 되도 문제인 경우가 사실 허다하다. 안 될 경우 서로를 탓하다 믿음에 금이 간다. 잘 되면 늘어난 파이 조각을 누가 더 가져가느냐를 놓고 신경전을 벌인다. 절친했던 친구 혹은 형제가 동업 이후 이런 문제 때문에 우애에 금이 가는 경우를 수도 없이 봤다.

내가 아는 분들 가운데 셋이서 동업으로 입시 학원을 낸 분들이 있다. 셋은 각각 국영수에 강점이 있었다. 부지런히 준비하고 학생을 관리한 덕분에 학원 규모는 커졌다. 그리고 아이들도 늘었다.

그런데 수익이 늘자 배분을 놓고 금이 가기 시작했다. 국어를 맡았던 분이 사실상 원장 역할을 했는데, 자신의 역할만큼 많이 가져가야 한다고 생각했다. 이에 다른 두 사람이 기분 나빠하기 시작했다.

급기야 세 사람은 각각 따로 학원을 냈고, 지금은 모두가 셋이 나눌 때보다 못한 수익을 올리고 있다. 그때 조금만 참고 서로 이해할 것을 잘못했다는 후회를 하지만 이미 때는 늦었다.

사실 퍼주지 않음으로써 아예 굶는 것보다는, 10번 퍼주고 한 번 먹는 것이 실용적이고 현실적이다. 그런데 사람이 벗어나기 어려운 굴레 중 하나가 상대적 빈곤감이다. 둘 다 라면으로 끼니를 때울 땐 아무렇지 않지만, 나는 오징어 덮밥을 먹는데 앞사람은 광어회를 먹으면 배가 아파 식탁을 엎는다. 결국 둘 다 굶는다. 이와 같이 나는 주는데 상대방은 그렇지 않다는 생각이 사람들을 괴롭힌다.

그러나 누구도 독불장군처럼 혼자 살 수는 없다. 다른 이의 도움이 절대적이다. 그래서 동업에 나선다. 그 동업이 성공하기 위해선 신뢰가 있어야 한다. 그리고 그 신뢰는 내가 다른 사람으로부터 받는 것이 아니라 주는 것이다. 동업자에게 하나라도 더 주겠다는 정신이다.

설사 당장은 손해 보는 느낌이지만, 그것이 장기적으로 이득이 되는 경우가 많다. 또한 앞서 본 것처럼 동업이 깨지는 것보다는, 조금 손해 보는 느낌이 들더라도 이해하고 같이 가는 것이 더 이득이 될 수 있다.

사실 내가 손해보고 있다는 느낌을 갖고 있는 만큼, 상대방도 같은 생각을 갖는 경우가 많다. 필자가 아는 어떤 분은 "늘 10%는 손해 본다는 생각으로 살면 마음이 편하다"라고 말한다. 상대방에게 10%를 퍼줌으로써 내 마음이 편안해지고, 동시에 나의 90%를 온전하게 보전하는 것이다.

약속, 신뢰의 다른 이름

신뢰는 보답의 기대 없이 상대방에게 주는 것이다. 약속도 상대방의 태도와 상관없이 지켜야 하는 것이다. 따라서 약속을 지키는 일 역시 신뢰의 일종이다. 예컨대 상대방이 항상 시간 약속에 늦어도 나는 늘 지켜야 한다. 이것이 신뢰의 또 다른 모습이다.

부자가 된 이들의 공통점 중 하나가 이 같은 '시간'에 대한 신뢰다. 대부분 부지런한 탓도 있지만, 늦는 법이 없다. 심지어 성격이 급한 사람은 30분 전부터 기다리기도 한다.

납기를 맞추는 등 사업상의 약속도 철저하다. 그래야만 신뢰가 생기기 때문이다. 약속은 밤을 새워서라도 맞춰야 한다는 생각을 갖고 있다. 이는 수천억 원이 넘는 대공사뿐 아니라 동네 피자 배달에서도 마찬가지다. 배달 약속이 늦어지면 그 가게는 신뢰를 잃는다.

약속의 중요성을 증명해 보인 기업이 도미노 피자일 것이다. 도미노 피자는 주문 후 30분 내 배달을 해준다는 시간 약속을 모토로 내걸었다. 그리고 이를 철저히 지킨다. 결국 도미노 피자는 전 세계 최고의 피자 프랜차이즈가 됐다.

반대로 약속에 대한 믿음이 깨지면 신뢰가 무너진다. 따라서 부자가 될 수 없다. 앞서 본 것처럼 결국 나를 도와주는 20%의 동지를 만나기 어렵다.

필자가 아는 분 중에 늘 약속에 늦는 분이 있었다. 단 한 번도 약속시간에 맞춘 적이 없다. 그는 '늘 바빠서 늦었다, 미안하다'라고 말한다. 그는 사업을 했지만 결국 실패했다.

많은 사람이 다소 늦어야 체면이 선다는 생각을 하는 경우가 있다. 그래야 내가 바쁜 사람이고 여기저기 일이 많다는 것을 증명하는 일이다. 그래서 늦게 나타나면 늘 "미안하다. 내가 요새 너무 바빠서 정신이 없다"라고 말한다. 나 역시 그런 말을 해본 적이 있으나, 사실 늦지 않을 수 있는 방법이 전혀 없었던 것도 아니다.

그래서 우리나라 사람들은 30분쯤 늦는 데 익숙하다. 더 나아가 늦게 오는 걸 당연시한다. 그래서 사회적 지위가 높아지면 당연히 남들보다 늦게 나타나야 한다는 생각을 하는 경우도 있다.

죄 수 의   딜 레 마

두 명의 범죄자가 체포돼 따로따로 감방에 갇히게 된다. 혐의는 있지만 증거가 불충분하다. 그래서 경찰은 다음과 같이 제안한다.

"만일 두 사람 중 한 사람만 고백할 경우 그 사람은 무죄가 되고, 다른 한사람은 무기징역에 처한다. 둘 다 고백할 경우에는 10년씩, 둘 다 입을 다물 경우에는 3년씩 구형한다."

따로 갇힌 둘은 각각 머리를 굴린다. 최선은 내가 자백하고 상대방이 입을 다물고 있는 것이다. 이럴 경우 나는 무죄가 된다. 물론 동료는 미안하지만 평생 감옥에 있어야 한다.

그러나 동료가 어떤 태도를 취할지 알 수가 없다. 그도 나와 같은 생각을 할 것이다. 따라서 동료 역시 자백할 가능성이 있다. 이렇게 되면 둘 다 10년씩 살아야 한다. 그렇다고 상대가 입을 다물 것이라는 가정 하에 내가 자백을 거부할 수만은 없다. 자칫 동료가 죄를 다 불어버리면 자신은 평생을 감옥에서 썩어야 한다.

사실 둘에게 가장 좋은 선택은 입을 다물고 있는 것이다. 그러나 게임 이론 전문가들은 이런 경우에 대부분의 사람들이 죄를 고백한다고 한다. 단지 내가 무죄를 선고받고 싶어서가 아니다. 자칫 내가 입

을 다물고 있을 경우, 무기징역에 처해질 수 있기 때문이다. 결국 인간의 가장 합리적인 행동이 최대의 효율과 효과를 만들지 못한다는 것이 죄수의 딜레마가 보여주는 얘기다.

그럼 이걸 비즈니스의 세계에 적용하면 어떨까. 두 명의 친구가 있다고 하자. 이들에게 종이 한 장씩을 나눠준 뒤 1과 2 중 하나의 숫자를 쓰라고 한다. 둘 다 1을 쓴다면 모두에게 5,000원씩 준다. 한 명이 2를 쓰고 다른 한 명이 1을 쓴다면, 2를 쓴 친구에겐 2만 원을 주고 1을 쓴 친구에겐 한 푼도 주지 않는다. 둘 다 2를 쓴다면 모두에게 2,000원씩 준다.

죄수의 딜레마에 따르면 둘 다 2를 쓸 확률이 높다. 그래서 결국 2,000원씩 가져가게 된다. 자칫 1을 썼다 한 푼도 못 받는 것보다, 합리적인 선택이 2를 쓰게 하는 것이다. 물론 가끔 2만 원을 가져갈 수도 있다.

그렇다면 부자가 되기 위해선 어떤 선택을 해야 할까. 설사 상대가 2를 써서 한 푼도 못 받는 상황에 처해도 무조건 1을 쓰는 것이다. 그러다보면 결국 나를 신뢰하는 사람이 나타나고, 그 사람과 함께 1을 씀으로써 지속적으로 5,000원씩 받는 때가 오게 된다. 이것이 신뢰가 부자를 만드는 길이다.

Optimism 5

지는 해는 반드시 다시 뜬다

장미꽃에 가시가 있어 불쾌할 수도 있고, 가시에도 불구하고 장미꽃이 펴 즐거울 수도 있다.

— 작자 미상

지는 해는 반드시 다시 뜬다

부자들은 늘 운이 좋다

부자가 된 사람이 자주 하는 말이 "운이 좋았다"이다. 위기에 빠지지만 그때마다 자신을 구원한 다징가 저트가 나타났다는 것이다. 듣고 있으면 노력과 함께 운이 부자의 결정 요소처럼 생각된다. 듣는 사람은 당연히 성공의 필수요소로 운을 꼽게 된다.

그 생각은 실패한 사람과 만나면 더 강해진다. "운이 나빠 실패했다"라는 말이 자주 등장하기 때문이다. 결국 '운'이 없으면 노력해도 힘들다는 생각이 들게 된다. 운이 성공과 실패를 정하는 요인인 셈이다. 그러면서 사람들은 쉽게 숙명론에 빠진다.

그런데 정말 그럴까? 1980년대 후반에 40대였던 어떤 분이 있었다. 그는 1970년대 초에 가난한 시골에서 서울로 올라와 고생 끝에 자리를 잡았다. 그런데 성공한 순간에 그는 재산을 모두 털어 새로운 사업에 뛰어든다. 안정적 생활을 할 수 있게 되었지만, 도전 욕구가 새로운 길로 그를 안내한 것이다.

그러나 사업이 여의치 않아 전 재산을 날리며 위기에 처한다. 그뿐만이 아니라 엄청난 빚까지 떠안을 상황에 몰린다. 그때 벼락처럼 그의 귀를 사로잡은 뉴스가 있었다. 바로 신도시 계획 발표. 공장이 있던 곳이 신도시에 포함된 것이다. 얼마 후 땅값은 몇 배로 올랐고, 다행스럽게 빚을 전부 갚고도 수억 원이 손에 남았다. 그때 그는 "나는 정말 운이 좋은 사람"이라는 생각을 했다고 한다.

그 뒤 그는 재기에 성공했다. 그리고 당시를 회상할 때마다 "신도시 발표가 없었다면 길거리로 쫓겨났을 것"이라며 다행스런 표정으로 가슴을 쓸어내린다. 그러면서 자신은 결정적인 순간 늘 운이 좋았다는 말을 한다. 그의 말을 따라가다 보면 정말 '운이 좋은 사람'이라는 느낌이 든다. 본인 공장 땅이 신도시에 포함된다는 것이 쉬운 일은 아니기 때문이다.

그런데 곰곰이 짚어보면 사업 실패로 수십억 원을 날린 상황을 "운이 좋았다"라고 말하는 것은 어폐가 있다. 사실 그가 수십억 원을 날린 과정은 개인 능력과 상관없이 정부의 정책 변화가 많은 작용을 했다.

그래서 "만일 그때 사업도 잘되고 땅값도 올랐으면 더 빨리 성공할 수 있었던 것 아니냐"라고 물은 적이 있다. 이에 대해 그가 정색을 하며 "그런 생각은 해본 적이 없다"라고 일축했던 기억이 난다.

긍정의 힘이란 이런 것이다. 불행한 상황에서도 긍정적 측면을 보는 자세다. 그것은 억지로 긍정적인 생각을 하려는 차원을 때로는 넘어선다. 내 앞에 벌어지는 일들은 늘 나에게 도움이 된다는 믿음을 갖는 것이다. 운이 좋지 않아 30억 원을 날렸다고 절망하기보다, 한줄기 빛처럼 쏟아진 회생의 발판에 기쁨을 느끼는 것이다. 그는 그렇게 운이 좋다고 생각했기에 재기에도 성공할 수 있었을 것이다.

이런 맥락에서 부자가 운이 좋았다고 말하는 것은 사실 운 좋은 일로 가득 차 있어서가 아니다. 벌어지는 상황을 늘 긍정하기 때문에 운이 좋은 것이다. 때로는 본인조차 사물을 긍정적으로 본다는 것을 깨닫지 못한다. 공기의 존재가 일상적이기에 느끼지 못하는 것과 비슷한 맥락이다. 그래서 부자는 늘 운이 좋을 수밖에 없다. 운이 좋다는 생각이 본인도 모르는 사이에 그를 지배하고 있기 때문이다.

머피의 법칙 vs. 샐리의 법칙

긍정이 행운을 만들어낸다는 걸 보여주는 실험도 있다. 긍정적 성격과 머피, 샐리의 법칙 간의 관계를 분석한 것이다. 머피의 법칙이란 주변 일들이 자신에게 늘 불리하게 돌아간다는 것이다. 급할수록 신호마다 빨간 불이고, 내가 서 있는 쪽에는 없는 택시가 반대쪽에는 수두룩하다. 누구나 한번쯤 경험하는 일이다.

그 반대가 샐리의 법칙이다. 일들이 우연히 유리하게 풀린다는 의미다. 이 두 가지 묘한 법칙에 관해 아주대학교 이민규 교수는 재미있는 실험을 했다. 낙관성 검사를 한 후에 각 성격마다 샐리와 머피의 법칙 중 어디에 더 많이 지배받는지 물어본 것이다.

그 결과 낙관적 성격의 소유자 중 무려 71.4%가 샐리의 법칙에 지배받는다고 답했다. 반면에 28%만이 머피의 법칙에 해당한다고 답했다. 결국 낙관적 성격의 소유자는 샐리의 법칙과 친한 것이다. 즉 무슨 일이 벌어지든 자신은 운이 좋다고 생각한다.

비관적 성향의 학생들은 반대다. 머피의 법칙에 지배받는다고 응답한 경우가 무려 86.9%였다. 샐리의 법칙을 택한 경우는 13.1%에 그쳤다. 결국 '운'이라는 것도 세상을 긍정적으로 보느냐 혹은 부정적으로 보느냐가 정하는 것이다. 긍정하면 운이 있고, 부정하면 없다.

"운이 좋다"라고 말한 부자는 당연히 샐리의 법칙에 지배받는다. 성격이 낙관적이며 미래를 긍정하기에 운이 좋다고 생각한다. 주변 모든 일이 자기를 중심으로 움직인다고 믿는다. 반면에 운이 나빠 실패했다고 말하는 사람은 머피의 법칙이 자신을 감싸고 있다며 비관적이 된다.

둘이 벌이는 대결은 당연히 샐리의 승리로 끝난다. 그래서 샐리는 늘 운이 좋고, 머피는 늘 나쁘다. 결국 부자는 정말 운이 좋은 것이 아니라 운이 좋다고 생각함으로써 성공하고 부자가 된 것이다. '나는 천운을 타고난 사람'이라 믿어야 하는 이유가 여기에 있다.

세상은 아수라 백작이다

사실 세상의 모든 일에는 긍정과 부정 양면이 동시에 존재한다. 심지어 악랄한 살인마도 '절대 저렇게 살지 말아야지'라는 타산지석이 됨으로써 사회에 긍정적 영향을 준다.

마냥 좋을 것 같은 성공도 인생에 부정적일 수 있다. 빌 게이츠는 "성공은 별로 좋은 스승이라 할 수 없다"라며, "똑똑한 사람에게 나는 실패하지 않는다는 착각을 심어준다"라고 말한다. 그는 "성공에 자만하는 사람의 미래는 위험하다"라고 경고한다. 나아가 똑같은 걸 봐도 해석이 제각각이다. 장미를 보면서 꽃을 칭송하는 사람이 있고, 가시를 불평하는 경우도 있다. 투덜이 스머프처럼 부정적이면 모든 것이 문제가 된다. 세상은 객관적 실체지만, 해석에 따라 부정적일 수도 긍정적일 수도 있는 것이다. 예전에 인기 있던 만화영화 〈마징가Z〉에는 아수라 백작이라는 악당이 나온다. 얼굴의 반은 남자고 나머지는 여자다. 남성의 옆모습일 땐 남자 목소리가, 여성일 땐 여자 목소리가 나온다. 세상의 모든 사물과 순간은 이처럼 양면적이다.

그중 긍정은 세상을 밝게 보는 것이다. 시간이 30분밖에 없다고 절망하기보다 30분이나 남았다고 긍정하는 태도다. 또 새벽이 춥고 어둡다고 한탄하기보다 조금 있으면 해가 다시 뜰

것을 기뻐하는 것이다. 그래서 긍정은 원하는 것을 이루는 힘이다. 건설 현장에서 벽돌을 쌓는 인부 중 한 사람은 '힘든 벽돌을 쌓고 있다'라고 생각하고, 다른 사람은 '세상에서 가장 훌륭한 건물을 짓고 있다'라고 믿는다. 첫째 사람은 둘째 사람이 정신 나갔다고 생각할 수 있다. 그러나 단터가 될 자질은 후자에게 있다. 자신의 능력과 일에 긍정적이기 때문이다.

나폴레온 힐은 그래서 인생의 12가지 재산 가운데 첫손으로 긍정적 정신을 꼽는다. 긍정적 자세만 있다면, 밤이 지나면 아침이 오는 것처럼 부자가 되는 데 필요한 나머지 요소는 저절로 따라온다고 힐은 말한다. 따라서 사물의 긍정적 면을 보게 되면, 역설적이지만 실패도 행운으로 받아들여질 수 있다. 과거에 몰랐던 새로운 경험을 함으로써 더 큰 실패를 예방할 기회를 얻었기 때문이다. 물론 성공에 따른 자만도 생기지 않고 오히려 겸손해진다. 심지어 에디슨은 화재로 자신의 실험실이 탈 때도 기뻐했다고 한다. 화재 덕분에 과거의 편견에서 벗어나 새롭게 시작할 수 있게 되었기 때문이었다. 이런 사람에게 인생은 늘 행운일 수밖에 없다.

결국 긍정과 부정이 동시에 존재하는 사물에서 희망의 빛을 잡는 것이 성공으로 가는 길이다. 희망을 꿈꾸는 자세가 미래를 밝히는 것이다.

긍정은 위기의 순간에 빛난다

긍정은 결국 한순간도 나와 내 미래에 대한 믿음을 잃지 않는 것이다. 즉 내 능력과 미래가 무한한 가능성으로 가득함을 받아들이는 일이다. 특히 이 같은 긍정의 힘은 위기에서 그 내면의 위력을 발휘한다. 좌절했을 땐 빛을, 길이 막혔을 땐 솟아날 구멍을 제공하기 때문이다.

사실 부자를 향한 도전은 위기와 함께 온다. 그리고 그 위기를 어떻게 벗어나느냐가 성공을 결정한다. 긍정은 이때 빛을 발한다. 언젠가 좋은 날이 온다는 신념이 기회를 만든다. 이런 맥락에서 긍정은 그저 '뭐든지 잘될 거야', '나는 반드시 성공할 거야'라는 단순한 낙관을 넘어선다. 위기와 고통, 좌절에도 미래가 장밋빛임을 믿는 것이 긍정이다. 이런 자세는 정말 절망적인 상황을 버티게 하는 힘이 된다. 결국 나는 운이 좋고 언젠가 긍정적 일이 벌어질 것을 믿기 때문이다.

철강왕 앤드루 카네기의 사무실 한쪽 벽에는 커다란 그림 하나가 일생 동안 걸려 있었다. 썰물 때 빠져나가지 못해 모래사장에 버려진 작은 배의 사진이다. 무척 절망스럽고 처절한 그림이다. 그런데 그림 밑에는 '반드시 밀물이 온다'라는 글귀가 있었다. 카네기는 힘들 때마다 그림을 보며 미래를 긍정했다고 한다.

경영의 신으로 불리는 일본의 마츠시다 고노케 역시 "나는 단 한 번도 실패한 적이 없다"라며, "실패한 곳에서 포기하면 실패지만, 성공할 때까지 밀고 가면 실패가 아니다"라고 말한다. 빌 게이츠는 "실패로 인한 중압감 때문에 나는 일에 손도 대지 못하고 의기소침해질 수도 있었다. 그러나 나는 오히려 새로운 도전에 흥분했고, 어떤 식으로 오늘의 나쁜 소식을 활용해 내일의 문제를 해결할 수 있을까 궁리했다"라고 말한다.

그들은 결국 한 번도 실패하지 않아 운 좋은 사람이 아니다. 포기하지 않고 미래를 믿으면서 끝까지 노력했기에 운 좋은 부자가 된 것이다. 이런 맥락에서 긍정은 스톡데일 패러독스를 닮았다. 제임스 스톡데일은 1965년부터 무려 8년간 베트남 전쟁포로수용소에 감금됐던 미 해군 장성이다. 그는 수십 차례의 고문과 독방 신세를 지는 최악의 삶을 산다.

그러나 스톡데일은 좌절하지 않고, 자신뿐 아니라 많은 포로들이 삶을 포기하지 않고 살아남도록 정신적 리더 역할을 했다. 그 처참하고도 암담한 상황 속에서도 그는 반드시 풀려날 수 있다는 희망에 대해 단 한 번도 의심해본 적이 없었다. 반대로 그 고통이 인생에 큰 밑거름이 될 것으로 확신했다. 그는 냉정한 현실을 직시하는 한편, 결국 성공할 것이라는 강한 믿음을 동시에 갖고 있었던 것이다. 진정한 긍정은 내 앞에 난관이 없을 것이라고 믿는 것이 아니다. 고난과 역경이 가득한 험한 길임을 인정하지만, 건널 수 있다고 믿는 것이다. 더불어 그 길을 건너면 나타날 기적 같은 변화에 모든 열정을 바치는 것이다.

무너진 하늘에도 솟아날 구멍은 있다

그런데 긍정은 단지 고난의 시간을 버티게 하는 것에서 그치지 않는다. 멋진 해결책도 때로는 제시한다. 즉 수용소의 고통스런 삶을 버티게 할 뿐 아니라 탈옥의 길도 만드는 것이다. 실패와 좌절에도 희망의 끈을 놓지 않으면 신기하게 길이 나타나는 경우가 많다.

지난 1991년 미 서부 이스트베이라는 곳에 큰 화재가 발생했다. 예술가 마을이었는데, 100여 명의 화가와 조각가의 작품이 순식간에 잿더미가 됐다. 많은 사람들이 넋을 잃고 좌절했다. 그중 헝거라는 사람이 있었다. 그 역시 200여 점의 작품을 잃었다. 그런데 다른 사람들이 절망의 밤을 보낼 때, 그는 '불 탄 나무와 금속'을 재료로 새로운 작품을 만들었다.

그의 행동은 동료 예술인들의 창작욕을 자극했고, 마을은 순식간에 생기를 되찾았다. 사람들은 잿더미로 새로운 예술을 창조하기 시작했고, 1년 후에 '화재 예술전'을 개최해 전 세계를 감동시켰다. 헝거의 긍정은 좌절을 '아무도 가보지 않은 새로운 시작의 출발점'으로 극적으로 탈바꿈시킨 것이다.

사과 산지로 유명한 일본 아오모리 현에 어느 해 태풍이 불어 사과가 익기도 전에 떨어졌다. 가을까지 붙어 있는 사과는 손에 꼽을 정도였다. 과수원 주인은 엄청난 손해를 감수해야 했다. 흉작을 비관해 목 매달아 자살하는 사람이 나올 수도 있는 상황이었다. 그런데 그들은 남은 사과를 1개에 10만 원에 파는 깜짝 놀랄 길을 찾는다.

고3 수험생을 둔 부모들에게 '행운이 담긴 사과'라는 포장으로 판매한 것이다. 태풍에도 굳게 버틴 사과가 대학 시험에 절대 떨어지지 않게 해줄 수 있다고 선전한 것이다. 그 결과 과수원 주인은 오히려 풍작이 들었을 때보다 더 큰돈을 벌었다. 전화위복은 이런 때 사용하는 말일 수 있다.

세상이 신기한 것은 하늘이 무너져도 늘 솟아날 구멍이 있다는 점이다. 물론 그 구멍은 눈감고 자는 사람에겐 나타나지 않고, 믿고 찾는 사람에게만 보인다. 더불어 머리가 뛰어나고 창의력이 있어야 알 수 있는 것도 아니다. 있다고 믿는 사람만이 찾을 수 있다.

에스키모에게 냉장고를 파는 힘

길이 있다는 믿음을 만드는 긍정은 나아가 불가능을 가능하게 한다. 모두가 안 된다고 본 지점에서 답을 찾는다.

예전에 일본의 어떤 성 앞에 가로 세로 높이 3미터인 큰 바위가 있었다. 수백 년간 사람들은 불편을 감수하고 그 옆으로 비켜 다녔지만, 한 성주가 그 바위를 치우겠다고 결심하고 사람을 찾았다. 그런데 성주가 제시한 금액이 너무 작았다. 업자가 보기에 큰 바위를 옮기려면 상당수 인부를 며칠간 고용해 먼 곳에 갖다 버려야 한다. 제시된 액수에 맞추기 어려웠고, 그래서 다들 포기했다.

그때 오히려 제시한 금액의 절반에 일을 하겠다고 장담하는 사람이 나타났다. 성주는 당연히 그 사람에게 일을 맡겼을 뿐 아니라, 성공하면 앞으로 성내의 모든 용역 관련 일을 주겠다고 약속한다. 반대로, 성공하지 못할 경우에는 능지처참하겠다는 엄포를 놓는다.

사람들은 그를 사기꾼 혹은 허풍쟁이로 몰아갔다. 불가능한 것을 가능한 것처럼 말했기 때문이다. 그런데 다음날 바위는 감쪽같이 사라졌고, 사람들은 감탄하고 말았다.

그는 바위를 옮기는 대신에 그 옆에 바위보다 조금 더 큰

구덩이를 팠다. 그리고 지렛대로 바위를 굴려 파묻었던 것이다. 바위와 달리, 구덩이를 파낸 흙은 가까운 아무데나 버릴 수 있다. 즉 발상의 전환이 방법을 찾은 것이다. 길을 만든 것은 뛰어난 창의력이 아니다. 길이 있다는 굳은 믿음이다. 그 믿음을 바탕으로 생각하고 생각하면 길은 문득 우리 앞에 나타난다.

사실 모든 사람이 할 수 있는 일은 누구도 부자를 만들지 못한다. 예컨대 평범한 바다를 메워 간척지를 만드는 것은 어느 건설업체들이나 할 수 있다. 따라서 큰돈이 안 된다. 희소성이 떨어지기 때문이다.

그런데 조수 간만의 차가 큰 바다를 메우는 일은 돈이 된다. 남들이 하지 못하는 곳을 공략하기 때문이다. 그런데 사람들은 물살이 너무 세서 할 수 없다고 포기한다. 그런데 긍정은 그 길을 찾아낸다. 정주영 전 명예회장이 찾아낸 것이 유조선 공법이다. 물살이 센 곳을 돌 대신 거대한 유조선으로 한방에 메운 것이다.

가끔 실타래처럼 꼬인 현실에서 길이 보이지 않는 막연함을 느낀다. 그런데 길이 있다고 생각하고 찾으면 나타나는 경험도 한다. 알렉산더 대왕은 사람들이 꼬인 실타래를 풀지 못해 전전긍긍하고 있는 모습을 보고 칼을 꺼낸다. 그리고 한 칼에 엉킨 실타래를 베어버린다.

길은 긍정하는 사람에게 나타난다. 모두가 안 된다고 말할 때, 긍정은 그 안에서 희망의 에너지를 찾기 때문이다.

긍정은 암을 이긴다

긍정은 사업상 위기뿐 아니라 개인적 고통을 이기는 힘도 된다. 더불어 고통의 극복은 이전보다 더 성숙한 자아를 만들어낸다. 그래서 병을 앓아보지 않은 사람과는 대화하지 말라는 말도 있다. 아파보지 않고서는 인생의 의미를 제대로 아는 데 한계가 있기 때문이다.

그래서 고통은 긍정적으로 보면 신의 시험인 동시에 축복이다. 관문을 통과하면 더 높은 곳에서 더 멀리 볼 수 있게 되기 때문이다. 그 고통을 극복하는 힘은 긍정이다. 긍정은 고통을 이겨내 더 큰 꿈을 이룰 수 있도록 한다.

다국적 제지회사 킴벌리 클라크를 최고의 기업으로 이끈 사람은 다윈 스미스다. 그는 1971년부터 20년간 CEO로 일했다. 그런데 스미스는 CEO가 된 직후, 인생 최대의 고비를 맞는다. 비강암과 후두암에 걸린 것이다. 의사는 '1년밖에 살지 못할 것'이라는 사형 선고를 내린다. 가난하게 태어나 젊은 시절 주경야독으로 생활했던 그는 그 과정에서 손가락이 잘리는 사고까지 당했었다. 보통 사람이었다면 고생 끝에 찾아온 행복이 신의 장난으로 어긋났다며 슬퍼했을 것이 뻔하다.

그러나 스미스는 이 사회에서 "자신은 절대 죽지 않을 것이며, 모든 스케줄을 예정대로 소화 하겠다"라고 말한다. 그리고 그 뒤 그는 25년을 더 살았다. 그 가운데 20년간 직책이 CEO였다. 그가 위대한 CEO로 남게 된 이면에는 암과 투쟁하며 쌓은 내공이 큰 힘이 됐을 것이다. 이처럼 절망의 순간에도 희망을 믿으며, 고난을 이겨내는 것이 단터의 긍정이다.

살아 있는 스포츠의 전설 랜스 암스트롱도 마찬가지다. 그는 가장 권위 있는 도로 사이클 경기 투르 드 프랑스에서 1999년부터 7차례 연속 우승했다. 그런데 암스트롱은 이에 앞서 1996년에 생존률 50%의 고환암과 싸움을 해서 승리한 바 있다.

그가 암에 걸리지 않았었다면 7번씩이나 우승하는 일은 불가능했을지도 모른다. 죽음과 싸우는 고통의 시간 속에서 그는 인간 능력의 무한함을 확인했고, 그것이 전설이 되는 힘을 만들어낸 것이다.

위기를 벗어나면 사람은 원래 자리로 돌아가지 않는다. 더 높은 곳으로 간다. 아픈 만큼 성숙하고, 고성만큼 내공이 축적된다. 따라서 고통을 넘어서든 더 크고 거대한 꿈의 덩어리가 있다고 믿는 것이 긍정이다. 그럴 때 위기는 악마가 아닌 선물이 된다.

긍정은 나에 대한 믿음

그런데 세상에는 긍정적인 사람보다 부정적인 사람들이 더 많은 편이다. 삶 속에 성공보다 실패가 많기 때문이다. 실패가 거듭되면서 사람들은 좌절하고 절망한다. 부정적인 태도도 늘어난다. 나이가 들수록 꿈이 작아지는 것도 같은 맥락이다. 어린 아이는 최고가 될 수 있다고 생각한다. 그래서 세계 최고의 과학자나 야구선수가 되겠다고 자신 있게 말한다. 그러나 원하는 대학에 못 가고, 바라던 회사에 취직하지 못해 실망하면서 꿈은 작아진다. 나아가 세상은 돈 많고 빽 있는 사람들이 지배한다며 부정적인 시각을 키운다.

비관적 시각이 커지면 과거는 후회로 넘친다. "그때 그렇게 했었더라면", "다른 길을 따라갔더라면"이라는 말을 자주 하게 된다. 결국 내 인생은 실패자의 것이 된다.

그런데 곰곰이 삶을 되짚어보면 조그만 도전에서 성공의 희열을 맛본 경우가 누구에게나 있다. 다만 실패는 상처로 남아 오래 기억되고 성공은 금방 사라져, 자신이 늘 불행하다고 여기게 되는 것이다.

필자가 아는 분들 중에서, 초등학교 시절에 '개근'을 목표로 세웠던 분이 있었다. 집안 형편상 상급학교 진학은 힘들었고, 따라서 하루라도 학교를 더 다니고 싶어 절대 빠지지 않겠다는 목표를 세웠다.

그런데 결정적 위기가 찾아왔다. 엄청난 홍수가 나서 등굣길에 개울이 크게 불어난 것이다. 학교는 임시 휴교령을 내려 학생들이 오지 못하도록 했다. 그는 그날 개울 앞에서 한참을 고민했다고 한다. 갈 것인가 말 것인가.

그리고 과감히 거센 물살을 헤치고 강을 건너기로 결심했다. 발이 미끄러져 몇 번을 넘어진다. 개울 중간쯤 갔을 때, 아차하면 죽을 수 있다는 위기감이 몰려왔다. 그러나 그는 결국 강을 건너 학교에 도착했다. 학교에는 아무도 없었고, 그를 본 선생님은 화들짝 놀라 한참을 혼을 냈다고 한다. 그러나 그는 자신이 목숨을 걸고 약속을 지켰다는 사실이 기뻤다.

이후 그는 어려울 때마다 그날을 회상한다고 한다. 그리고 그날 썼던 일기를 다시 꺼내 읽는다. 그러면 목숨을 걸고 이뤘던 성공의 기쁨이 그의 몸에 전율처럼 퍼진다고 한다. 그 성공의 기쁨이 그가 버티게 하는 힘이 된 것이다.

사실 누구에게나 위기를 극복하고 성공해본 경험이 있다.

초등학교 시절 축구시합에서 우승을 했거나, 덩치 큰 동네 친구와 싸워 이긴 기억들 따위이다. 어려울 때마다 그 기억을 살리는 것이 긍정의 힘을 키우는 방법일 수 있다. 그런 긍정의 경험이 어려움을 이기는 힘을 키운다.

반응을 통제하라

그런데 비관적 사고를 전환하는 데에는 시간이 필요하다. 사물을 바라보는 가치도 습관이기 때문이다. 따라서 꾸준한 훈련이 필요하다. 특히 중요한 것이 사물에 대한 반응의 통제다. 사실 나에게 던져진 상황은 스스로 정할 수 없는 것이 많다. 예컨대 출생 장소를 미리 택할 수 없고, 따라서 의지와 상관없이 가난한 집에 태어날 수 있다.

그러나 가난을 받아들이는 방식은 태도와 관련이 있다. 돈이 없어 출세도 못 하고, 사고 싶은 것도 살 수 없다고 불평할 수도 있다. 반대로 돈이 없어 고생한 만큼 부자가 되기 위한 집념을 더 크게 키울 수 있다며 가난을 긍정할 수도 있다.

중요한 것은 우리의 반응이고 그에 대한 통제다. 나폴레온 힐은 "마음가짐은 사람이 완전히 통제할 수 있는 유일한 대상이기 때문이다"라고 말한다.

늦은 야근을 마치고 퇴근해보니 아파트 주차장에 빈 자리가 없을 때, 퇴근도 늦고 주차 공간도 없다고 불평하기보다는, 그래도 직장이 있고 차가 있고 주차장이 있는 곳에 산다는 사실에 행복해 해야 하는 것이다. 긍정적 생각을 가진 사람이 부자가 될 확률이 더 높기 때문이다.

더불어 내 자신보다 더 열악한 상황에서도 꿋꿋하게 사는 사람이 있다는 것을 늘 생각해야 한다. 내가 지금 바닥에 떨어졌다고 주저앉기보다는, 그보다 더 밑의 지하실에서도 꿈을 키우는 사람이 있다는 걸 깨닫고 일어서야 하는 것이다.

어느 부잣집 아들은 아버지가 너무 엄해 불행한 어린시절을 보냈다며 늘 불평이다. 또한 돈은 있지만 권력과 가깝지 못한 아버지가 자신을 도와줄 수 없다고 불만이다. 그를 볼 때면 불구인 아버지를 봉양하는 소년 가장이 "그래도 아버지가 살아 계셔서 다행"이라고 웃으며 말하던 TV 장면이 떠오른다.

어느 이혼 상담 변호사에 따르면, 그를 찾아온 사람들은 대부분 자신이 세상에서 제일 불쌍하며 살아온 이야기를 소설로 쓰면 서너 권은 될 것이라는 식으로 말한다고 한다. 그런데 이야기를 들은 후 이 변호사는 이렇게 말해준다고 한다. "선생님보다 더 어처구니없는 경우도 아주 많습니다."

사람들은 자신의 삶이 파란만장하다고 생각한다. 때로는 자신이 세상에서 가장 불행하다고 생각한다. 그러나 인생에선 늘 지금보다 더 나빠질 수 있고, 또 그런 상황을 사는 사람이 있다. 그들이나 그런 상황을 떠올린다면 너무 불행해 좌절하고 싶은 마음이 사라질 것이다.

성공은 실패보다 한 번 더 많은 것

물은 섭씨 100도가 돼야 끓는다. 0도에서 99도까지 겉으로 볼 때는 큰 변화가 없다. 세상 많은 일이 이와 같다. 그런데 100도가 되기도 전에 사람들은 기다림에 지쳐 포기한다. 여우가 나무에 매달린 포도를 먹기 위해 몇 차례 뜀뛰기를 한다. 그러다 도저히 닿지 않자, '저런 신 포도를 누가 먹는담…' 하고 스스로를 합리화하며 포기해버린다.

그러나 조금만 더 방법을 고민하고 도전하면 달콤한 포도를 먹을 수도 있지 않을까? 이처럼 지치고 힘든 순간을 견뎌내는 방법으로 오지 탐험가 한비야 씨는 "한 번만 더 하면 100도인데, 물이 끓는데, 여기서 그만두는 건 너무 억울하다. 한 번만 더 해보자"라고 다짐한다고 한다.

결국 성공은 실패한 횟수보다 한 번 더 많이 해보는 것이다. 99번 실패해도 한 번 더 해서 성공하면 100번째에 성공한 것이 되는 것이다. 그러다보면 어느 순간 정말 최선을 다한 것 같다는 느낌이 올 것이다. 포기는 그때 해도 늦지 않다. 그래야 후회도 없고, 실패를 통해 많은 것을 얻을 수 있다.

영국의 제2차세계대전 영웅 윈스턴 처칠은 팔삭둥이 조산아로 태어나 초등학교 때는 교사로부터 제일 멍청한 소년이라는 말을 듣기도 했다. 또 그는 중학교 시절 모국어인 영어에서 낙제 점수를 받아 3년이나 유급을 했다. 당연히 케임브리지나 옥스퍼드 대학에는 들어가지 못했다.

그런데 그가 훗날 옥스퍼드 대학에서 졸업식 축사를 한다. 열광하는 군중 앞에서 위엄 있는 차림으로 그가 던진 첫 마디는 "절대 포기하지 마라!(Never give-up!)"였다. 다음 말을 기다리는 청중에게 그는 이어서 "절대, 절대, 절대 포기하지 마라!(Never, never, never give-up!)"라고 덧붙였다.

포기하지 않고 끈기 있게 매달리면 반드시 이뤄낼 수 있다. 이것이 긍정이다. 이런 맥락에서 단터는 다른 사람보다 5분 더 버티고, 한 번 더 도전하는 사람이다. 그리고 이 작은 차이가 운명의 전환점을 만든다. 우리의 최대 영광은 한 번도 쓰러지지 않는 것이 아니라, 쓰러질 때마다 다시 일어나는 것이다.

Never Say Never

심리학자 마틴 셀리그먼 박사는 낙관적 태도가 보험회사 세일즈맨들의 실적에 어떤 영향을 미치는지 조사한 바 있다. 낙관적 성격의 사원은 입사 후 1년째 분기별 평균 계약 실적이 3,087달러인 반면에, 비관적 사원은 1,962달러였다. 낙관적 사원이 57%나 더 높은 실적을 올린 것이다.

2년차에는 그 차이가 더 심해졌다. 낙관적인 사원들이 그렇지 않은 사원에 비해 무려 638%나 더 많은 계약 실적을 올렸다고 한다. 긍정적인 생각이 성공에 얼마나 큰 영향을 미치는지 보여주는 대목이다.

병에 대해서도 마찬가지다. 심리학자 페팅 게일은 유방암 환자를 대상으로 병에 대한 태도와 사망률을 분석했다. 조사 결과 병을 극복할 수 있다고 믿었던 환자의 71%가 생존한 반면에, 절망감에 빠져 포기했던 환자는 19%만이 살았다. 떨어지지 않는 마지막 잎을 보고 삶의 의욕을 불태우는 오 헨리의 단편 「마지막 잎새」의 주인공이 생각나게 하는 실험이다.

호텔 청소원들을 대상으로 한 연구도 있다. 실험 참가자 절반에게는 청소하는 일이 좋은 운동이 된다고 말해주고, 나머지 절반에게는 이

런 언급을 일절 하지 않는다. 청소가 운동이 된다는 말을 들은 그룹은 정보를 얻지 못한 그룹에 비해 체중과 체지방, 혈압 등이 감소한 것으로 나타났다. 긍정적인 생각이 사회적 성공뿐 아니라 신체의 면역기능 향상에도 도움이 되는 것이다.

Restrain 6

만 원의 가치만큼 소중한 일 원의 가치

아끼고 절제하는 것은 자연스런 본성이 아니기 때문에 행동의 원칙이 필요하다. 검약하려면 미래의 이익을 위해 현재의 즐거움을 자제하고, 동물적인 본능보다 이성과 앞날에 대한 예측, 분별력을 우선시해야 한다. 검약은 오늘을 위한 것일 뿐만 아니라 내일을 위한 대비이기도 하다. 즉 푼돈을 모아 자본을 만들어 미래를 대비하는 것이다.

— 새뮤얼 스마일스

만 원의 가치만큼 소중한 일 원의 가치

45%는 엄지 손가락에 달렸다

　부자는 많이 번 사람이 아니다. 하루 1억 원을 벌어도 도박으로 없애면 부자가 못 된다. 필자가 아는 어느 분은 연봉 1억 원이 넘는 미혼의 대기업 간부다. 그런데도 빚에 허덕이고 있다. 월급을 받으면 카드 값으로 300만 원이 넘게 나갈 때도 수두룩하다. 더불어 도박도 좋아한다.

　밑 빠진 독에 물을 부어도 고이지 않듯, 그의 통장은 텅 비었다. 벌어도 남지 않으면 아무 것도 아닌 것이다.

반대로 하루 3만 원을 벌어도 이를 그대로 모으면, 50년 후에는 이자를 빼고도 약 5억 5,000만 원이 된다. 12만 원이면 약 22억 원이다. 부자가 될 수 있는 것이다. 부자는 결국 많이 남긴 사람이다.

세상은 사실 대립되는 두 가지가 얽혀 돌아간다. 그것이 자연의 법칙이다. 전혀 성질이 다른 남자와 여자가 조화를 이뤄 살아간다. 자동차에는 움직이게 하는 액셀과 멈추게 하는 브레이크가 동시에 있다. 이런 예는 수도 없이 많다. 경제가 돌아가려면 물건을 만드는 공급과 이를 구매하는 수요가 함께 있어야 한다. 열심히 일하기 위해서는 전혀 일을 하지 않는 휴식과 수면이 존재해야 한다. 한쪽만 존재하면 시스템은 무너진다.

부자의 길도 마찬가지다. 돈을 모으기 위한 노력은 돈을 필요로 하지 않는 절제가 함께 공존해야 한다. 그래야 부자가 될 수 있다.

이런 맥락에서 절제는 앞서 언급한 단터의 5가지 영양소와 같은 무게다. 즉 다섯 가지가 있다 해도 절제가 없으면 무용지물이다. 신뢰와 긍정을 바탕으로, 꿈과 도전, 부지런함이 있다면 돈을 벌 수 있지만, 그것만으로는 부자가 되지 못한다. 번 돈이 손 안에 남아 있어야 하는데, 절제가 이를 가능하게 한다.

따라서 앞서의 5개 영양소가 돈을 버는 남성적 요소라면, 절제는 이를 관리하는 여성적인 속성이다. 짠돌이처럼 굴면 남자는 쪼잔하다고 하지만 여성은 알뜰하다는 말을 듣는 이유도 같은 맥락이다. 혼자일 때 빚에 시달리던 남성이, 결혼한 뒤에는 같은 돈으로 저축까지 하는 기적 같은 일도 벌어진다.

더불어 절제는 엄지손가락을 닮았다. 엄지는 다른 손가락과 방향이 다르다. 다른 동물에게 볼 수 없는 특징이다. 그런데 다른 손가락과 마주한 엄지 탓에 물건을 집거나 꽉 쥘 수 있다. 도구를 사용하는 데 엄지가 결정적 역할을 했으며, 손이 하는 일의 절반 가까운 45%가 엄지의 몫이다.

그래서 중세시대에는 엄지를 잃으면 새끼손가락보다 네 배가 넘는 보상을 받았다. 뉴턴은 엄지를 신이 인간에게 만들어준 특혜라고 말하기도 했다.

꿈에서 시작된 부자의 길은 반드시 절제라는 마무리 과정을 거쳐야 한다. 엄지도 물건을 꽉 잡듯, 절제를 통해 빠져나가는 걸 막아야 한다. 그래야 앞으로 벌고 뒤로 깨지는 일이 없다. 위기의 순간에 바람 앞의 촛불처럼 모든 것이 쉽게 사라지지도 않는다.

절제 브레이크를 밟는 예술

단터의 절제는 따라서 '욕망의 억제' 라는 교과서 차원을 넘는다. 절제는 액셀의 성능을 향상시키고 속도를 유지하는 '브레이크를 밟는 예술' 이다.

브레이크 없는 자동차도 달릴 수는 있다. 그러나 멈출 수 없기에 결국 벽에 부딪치거나 낭떠러지로 고꾸라져야 멈춘다.

절제 없는 돈벌이는 잠시 '부자의 경험' 은 할 수 있게 해준다. 그러나 브레이크가 없기에 반드시 고꾸라진다. 로또에 당첨된 이들이 결국 이전보다 못한 삶을 사는 이유가 여기에 있다. 벤처 붐 당시에 기발한 사이트로 부자가 된 일부 사람들도 마찬가지다.

그런데 브레이크를 밟는 것이 도전 회피나 꿈을 버리는 것으로 비쳐질 수도 있다. 예컨대 투자나 사업을 확장해야 할 때 주저하는 것처럼 보일 때도 있다. 한편으로는 사업상 접대와 무절제한 생활의 구분이 모호한 경우도 있다.

따라서 달리는 차의 브레이크를 언제 밟고 떼야 하는지는 본능적 감각과 직관적 통찰이 필요하다. 브레이크를 밟는 일은 그래서 기술이 아닌 예술이다. 단터가 된다는 것은 곧 삶이 예술의 경지가 된다는 것이다.

임진왜란 당시 이순신 장군은 주변의 비난에도 한동안 출전하지 않았다. 왜군은 이미 한양까지 진격하고 왕은 의주로 도망간다. 그래도 이순신은 꿈쩍 않는다. 수없이 많은 의혹이 쏟아지고 불만이 터져 나왔다. 그러나 그는 쉽게 나서지 않았다. 조급히 서두르지 않고 최고의 때를 기다린 것이다.

다른 이들이 출정을 목소리 높일 때 한 번 더 참으며 기다리는 절제력을 지녔기에. 그 힘은 100전 100승의 기적 같은 승리를 만들어냈다. 호방한 성격으로 알려진 원균이 절제 부족으로 대패한 것과 정확히 대비된다.

사람들은 술장사가 돈을 번다고 하지만 이는 장사하는 이가 술을 멀리 했을 때에 한한다. 공격적인 장수들이 벌이는 전쟁도 때를 기다리는 절제가 있어야 승리하고, 술장사도 술을 멀리하는 브레이크가 있어야 돈을 번다. 세상의 오묘함을 보여주는 묘한 역설이다.

참을 인 자 셋이면 부자가 된다

물질에 대한 절제는 부자가 되기 위해 처음 부딪히는 브레이크다. 쓰고 싶은 욕망에 브레이크를 거는 것이다. 부자의 꿈을 위해서는 돈이 필요 없는 역설적 삶을 살아야 한다.

신이 만든 세상은 공평하다. 지금 당장의 욕구를 억제하면 미래에 더 큰 보상이 돌아온다. 그래서 참고 참고 또 참으면 부자가 될 수 있다. 참을 인 자 셋이면 부자도 되는 것이다.

그러나 이처럼 어려운 것이 없다. 소비 욕구를 참고 견디는 일이 말처럼 쉽지는 않다. 풍족한 삶을 위해 부자가 되려는 사람에게, 쓰지 말라는 말은 넘기 힘든 고난이다.

베스트셀러가 된 『마시멜로 이야기』는 절제가 인생의 성공에 얼마나 큰 차이를 만드는지 보여준다. 실험자들이 아이들 앞에 좋아하는 마시멜로와 사탕을 놔두고, 먹지 않고 참으면 나중에 두 개 다 주겠다고 말한다. 그러나 기다리지 못하겠으면 벨을 누르고, 그러면 즉시 실험자가 돌아와 둘 중 하나만 주겠다고 말한다. 그 뒤 실험자들은 밖으로 나간다. 남겨진 아이들 중 일부는 벨을 누르고, 나머지 참는다.

놀라운 결과는 10년 후에 나타난다. 만족을 지연하며 통제했던 아이들은 대인관계, 스트레스 대처에 더 뛰어난 능력을 보였다. 인지 능력도 우수해 대학수능시험(SAT)에서 더 높은 점수를 받았다. 결국 당장 먹고 싶은 욕구를 버틴 아이들이 더 큰 성공을 하는 것이다.

사람들은 매일매일을 마시멜로의 유혹 속에 살고 있다. 끝

없는 광고가 소비 욕구를 자극한다. 많은 사람들은 이에 절제력을 잃는다. 스스로 이성적 통제에 실패하기에 이를 '지름신'이라는 말로 형상화한다.

그러나 인터넷 쇼핑몰에 뜬 값비싼 옷의 욕구를 억제하면, 그 돈은 나중에 크게 불어난다. 30만 원짜리 옷을 사면 그 돈은 없어지고 말지만, 참으면 10년 뒤에는 두 배인 60만 원이 생긴다. 부자가 되는 길과 아닌 길의 간단한 차이가 여기에 있다.

절제, 가을을 기다리는 기술

태풍으로 바람이 거세게 불 때도 여름철 나뭇잎들은 잘 떨어지지 않는다. 그래서 나뭇잎을 보면 영원히 같은 자리에 매달려 있을 것 같은 생각이 든다. 그러나 가을이 되면, 바람 한 점 불지 않아도 잎은 하염없이 진다. 비라도 내리면 지는 속도는 더 빠르다

결국 모든 것은 때가 돼야 이뤄지는 법. 그런데 사람들은 태풍이 분다고 나뭇잎이 떨어지기를 바란다. 마찬가지로 빨리 돈을 벌고 싶은 사람들은 확률 낮은 도박이나 사기꾼의 농간에

빠진다. 그러다 결국 자신만 지친다.

절제는 이 같은 조급함을 참는 힘이다. 모든 것에는 시간이 필요하다. 쥐는 급하게 고양이 목에 방울을 달려 해선 안 된다. 아까운 목숨만 잃을 수 있다. 마찬가지로 밥이 되기 전에 솥뚜껑을 열어선 안 된다. 최고의 타이밍을 기다리는 것이 필요하다. 조급한 욕구를 참으며 시간의 편에 서는 길이 부자가 되는 방법이다.

어느 날 갑자기 대박 상품을 터뜨린 부자도, 꼼꼼히 보면 그 위치까지 많은 시간이 걸렸다. 산을 오르는 사람이 한발 한발 정상을 향해 올라가듯, 그들도 그런 과정을 겪은 뒤에야 비로소 부자가 된다.

물론 브레이크를 밟는다는 것이 과감한 도전을 못 하게 막는 것을 뜻하지는 않는다. 이는 반대로 과감한 도전이 조급함으로 망가지는 것을 막는 일이다.

조급함을 이기는 것의 중요성은 주식투자에서 확인된다. 주가가 폭락하면 개미들은 앞다퉈 주식을 판다. 더 큰 손해를 줄이기 위해서다. 하지만 부자가 되려면 팔고 싶은 불안감을 참으며 시간과 싸워야 한다. 언젠가 주가는 오르기 때문이다. 결국 부자는 주가가 떨어질 때 팔고 싶은 조급함을 절제한 사람이다.

물론 개미도 이를 알고 있다. 그러나 떨어지는 데 따른 불안을 참지 못한다. 더불어 작전이라는 말에 솔깃해 이상한 주식에 손을 대기도 한다.

반대로 주가가 조금 오르면 개미는 재빨리 팔아치운다. 그러나 부자는 느긋하게 좀더 기다린다. 말이 쉽지 행동은 어렵다. 이처럼 조급함을 이길 절제력이 있다면 부자가 될 수 있다. 주식으로 부자가 된 어떤 이는 "매수가격의 50% 이하로 폭락하더라도 담담하게 지켜볼 자신이 없으면 아예 주식시장 근처에 얼씬도 하지 말아야 한다"라고 말한다. 절제는 결국 시간과의 싸움이다.

조급함을 이기는 절제는 협상에서도 그 위력을 발휘한다. 협상에서의 승리자는 끝까지 기다리는 사람이다. 상대방이 먼저 카드를 꺼내 보인 다음에 내 것을 내밀 때 가장 좋은 효과를 거둘 수 있기 때문이다.

그 기다림에 필요한 것이 절제다. 사실 상대가 있는 싸움에서는 누가 5분 더 기다리느냐에 따라 승패가 갈리기도 한다. 먼저 나서고 싶은 생각이 들 때 한 번 더 참고 기다리면 상황이 유리해지는 걸 느낀다.

언제나 일을 망치는 요인 중 하나는 조급함이다. 포커페이스가 승리하는 것은 그들이 표정을 드러내지 않아서가 아니다.

그들은 조급함을 억누르는 절제력이 있기 때문이다.

채권업자의 판단 기준

채권 추심업자들이 채권 연장을 위해 판단하는 기준이 재미있다. 회사의 손익 계산서나 재무제표, 현금 흐름과 같은 회계 지표가 아니다. 사장이 주색이나 도박에 빠졌는지 여부다. 만일 사장이 이에 빠졌을 경우, 추심업자는 뒤도 안 돌아보고 채권 회수에 들어간다. 그러나 사장이 그렇지 않다면 여러 가지 상황을 고려해 채권을 연장해준다.

추심업자들이 주색과 도박에 빠진 이의 채권 회수에 적극 나서는 것은 동물적 감각과 오랜 경험에서 나온 것이다. 그런 사장의 경우 아무리 벌어도 남는 것이 없다. 따라서 설사 회생해도 채권 회수가 어렵다. 돈이 도박판이나 술집에 가 있을 확률이 높기 때문이다.

재산이 1,000억 원이 넘는다 해도 욕망에 대한 절제가 없다면 사라지는 건 순간이다. 목욕탕에 물이 가득해도, 구멍을 막는 꼭지가 빠지면 순식간에 없어지는 것과 같다.

설사 물이 대형 수족관을 가득 채우고 있어도 마찬가지다.

무절제의 조그만 틈이 생기면 물은 새기 시작한다. 그리고 회복의 순간을 놓치면 틈은 커져 구멍이 되고, 급기야 수족관은 박살이 난다. 순식간에 물이 바닥으로 쏟아지고, 모은 것은 허무하게 사라진다. 쏟아진 물은 다시 담을 수 없다.

자연 안에서 영원한 것은 없다. 사람들의 흥망성쇠도 마찬가지다. 욕망의 절제에 실패한 사람은 북극의 빙하가 와르르 무너지듯 한순간 허무하게 주저앉는다.

여기 부지런하고 머리도 비상했던 어떤 사람이 있다. 그는 우리나라에서 가장 좋은 대학을 우수한 성적으로 입학했고, 졸업했다. 그는 능력을 인정받아 직원이 100명이 넘는 온라인 벤처 기업의 대표로 스카웃됐다.

그런데 그는 성격이 호쾌하고 술을 좋아했다. 성공의 길을 달려온 만큼 무엇이든 할 수 있다는 자신감도 가득했다. 인간관계도 좋아 능력 있는 선후배들이 주변에 많았다. 그런데 그는 어느 날 만취한 상태에서 회사 여직원에게 엄청난 실수를 저질렀다. 안타깝게도 그는 회사에서 쫓겨났으며, 인생의 큰 시련에 빠졌다.

신은 늘 모든 것을 완벽하게 만들지 않는다. 그래서 능력이 뛰어난 자에게는 절제력 부재라는 숙제를 던지기도 한다. 그걸 넘어야 성공하는데, 그렇지 못한 경우도 많다. 결국 세계 최고의 운동선수도, 공부를 가장 잘하는 사람도, 단순히 능력이 가장 뛰어난 사람이 아닌 자신과 싸워 이긴 사람인 경우가 많다.

더불어 감정의 절제도 필요하다. 예전에 직원들의 조그만 실수에도 벼락같이 화를 내던 한 기업인이 있었다. 그는 직원들의 일처리를 믿지 못했다. 그래서 늘 간섭하고 확인하고, 조그만 잘못만 있어도 크게 화를 냈다. 그의 경우에는 그래야만 조직이 돌아간다고 생각한 면도 있다.

물론 본인이 부지런해 사업 기반을 잡기는 했다. 그러나 그 이상은 키우지 못했다. 심지어 자식들도 미래가 보장된 가업 계승을 거부했다고 한다. 아버지 밑에서 일한다는 것이 감당하기 힘든 고통이었기 때문이다.

정말 두렵고 무서운 인물은 험상궂은 얼굴로 화를 잘 내는 사람이 아니다. 분노가 치미는 상황에서도 감정을 드러내지 않거나, 반대로 그 상황을 호방하게 넘기는 사람이다.

대기업 협력업체로 있다보면 화가 나는 경우가 많다고 한다. 예컨대 원가 절감을 이유로 납품 가격을 말도 안 되게 깎는 것이다.

그래서 담당자에게 여러 가지로 사정을 하고 부탁을 하면, 한참 젊은 나이의 담당자는 때로는 버럭 화를 내며 버릇없이 말할 때도 있다고 한다. 그 순간 당연히 분노가 치민다. 화가 머리끝까지 치솟지만, 침착하게 대응해야 한다. 부지런히 일해 좋은 제품을 만들어도 순간의 화를 견디지 못해 팔지 못하면 헛고생이기 때문이다.

아침형 인간은 저녁이 만든다

현대 사회는 밤 문화가 발달했다. 전기가 일상화하면서 24시간 물건을 팔거나 서비스를 제공하는 곳이 늘었기 때문이다. 그래서 사람들은 늦은 시간까지 놀고 즐긴다.『아침형 인간』을 쓴 쿠로카와 야스마사는 밤 문화의 형성이 아침 기상시간을 늦추고 있다고 지적한다.

그런데 대부분의 부자는 아침형 인간이다. 일찍 일어나는 사람과 늦게 일어나는 사람의 정신이 같을 수 없기 때문이다. 해가 솟을 때의 기운이 성공의 기운이며, 이를 받지 못하면 온몸이 제대로 돌지 못한다. 또 늦게 일어나면 하루가 금방 지나간다.

이 두 가지 사실은 밤 문화의 절제가 성공에 필요하다는 결론을 내리게 만든다. 즉 밤늦게까지 술을 마시거나 친구와 즐기는 데 대한 억제가 요구된다. TV를 보면서 늦은 밤까지 시간을 허비하는 대신에 일찍 자고 일찍 일어나야 한다. 이것이 자연의 순리이고, 이미 유치원에서 배운 진리이다.

물론 늦게까지 놀더라도 아침 일찍 일어나기만 하면 문제가 되지 않을 수도 있다. 우리나라에선 이런 삶이 자랑스럽게 여겨지기도 한다. 그래서 새벽 두시까지 술을 마시고도 아침 9시에 반듯하게 출근하는 사람이 칭찬받고 대접받는다.

사회성과 부지런함을 갖춘 이상적 모습일 수도 있다. 그러나 몸에 골병이 드는 길이기도 하다. 최근의 보도에 따르면 아침형 인간이 심장 질환에 걸릴 확률이 더 높다고 한다. 이는 일찍 일어난 것이 문제라기보다, 수면시간 부족이 근원이다. 즉 늦게 자고 일찍 일어난 경우인 것이다. 특히 술을 마시고 자면 숙면을 취할 수 없다고 한다.

영국 프리미어리그 맨체스터 유나이티드의 박지성이 고등학교를 다니던 때의 이야기다. 축구부 동료나 선배들이 가끔 운동이 끝난 후 맥주를 마시러 갔다고 한다. 어른 흉내를 내보고 싶은 생각 때문이었을 것이다. 그런데 박지성은 단 한 번도 여기에 끼지 않았다고 한다.

사실 팀워크가 중요한 축구팀에서 단체 행동에 끼지 않으면 때로는 미움의 근원이 될 수도 있다. 그런 위험을 감수하며 음주를 거부했던 이유는 단지 학생이 술을 마셔선 안 된다는 생각 때문만은 아니다. 술을 마실 경우 그 다음날 컨디션에 지장을 초래하기 때문이었다. 이 같은 절제력이 오늘의 박지성을 만든 것이다.

반대로 천부적 재능 면에서는 박지성보다 낫다는 평가를 받는 선수가 있다. 그 역시 많은 팬들의 사랑을 받는 선수다. 그런데 그는 2007년 여름 해외 원정경기 중 술을 마신 일 때문에 곤욕을 치렀다. 꼭 그 때문만은 아니겠지만, 그는 지금도 여러 가지로 일이 안 풀려 많은 팬들을 안타깝게 하고 있다.

인생의 성공은 액셀과 브레이크를 적절히 밟으며 길을 가는 것이다. 그 두 가지 중 어느 한 가지가 없어도 앞으로의 진행은 어렵다. 액셀의 성능이 좋을수록 좋은 브레이크를 확보해야 한다. 그렇지 않으면 더 큰 사고를 당할 가능성이 높다.

자동차로 고속도로를 달려 부산까지 가는 사람이 있다고 하자. 반대로 국도를 자전거로 가는 이가 있다. 둘이 경주를 하게 되면 누가 승리할 것인가. 두말할 것도 없이 자동차가 이긴다. 그런데 그 차에 브레이크가 없다면 이야기는 달라진다. 가속 성능이 미약한 자전거와 브레이크가 없는 자동차의 경주는 백전백승, 자전거의 승리로 끝날 것이다. 이것이 바로 절제가 우리에게 함축적으로 전하는 메시지다.

에쿠스를 타도 지하철 두 정거장은 걷는다

절제는 부자를 만들기도 하지만 지켜주기도 한다. 따라서 부자가 된 뒤 가장 확실히 붙들고 있어야 하는 것이 절제다. 역설적이지만 절제는 그 무엇보다 가장 사라지기 쉽다.

어릴 적 필자가 살던 동네에 '새우젓 부자'라고 불리는 분이 있었다. 시골에서 올라온 그분은 반찬을 새우젓으로만 하면서 열심히 돈을 버셨다. 그래서 집도 마련하고, 사놓은 땅의 가격도 올라 부자가 됐다. 그런데 그 뒤 그분은 "새우젓만 보면 지겹다"라는 소리를 입에 달고 돈을 펑펑 쓰기 시작했다. 결국 얼마 안 가 다시 새우젓만으로 밥을 먹는 신세가 됐다.

이런 맥락에서 부자가 된 뒤의 절제는 2%의 부족함을 견디는 능력이다. 2%의 부족함을 참음으로써 98%를 온전히 보전하는 것이다. 사실 사람들은 늘 2%가 부족하다고 느낀다. 인간의 욕망은 끝이 없기에, 절대 만족할 수 없다.

그러다가 사람들은 돈이 생기면 원하는 것을 다 채울 수 있다고 믿고 돈을 쓰기 시작한다. 특히 그 돈이 불로소득일 경우, 씀씀이는 더 커진다. 그러나 욕망을 채우는 시도는 밑 빠진 독에 물을 붓는 것과 같다. 따라서 2%의 부족함 자체를 즐기지 못한다면 불행해질 가능성이 높다.

기억해야 할 것은, 모든 것을 가졌던 중국의 진시황조차 죽는 순간까지 2%가 부족함을 느꼈다는 점이다. 그는 언젠가 죽어야 한다는 사실에 괴로워했고, 영원히 살고 싶다는 욕망을 키운 것이다. 그러나 마지막 욕망은 채워지지 않았다.

필자가 아는 어떤 분의 고급 빌라 거실에는 발렌타인 30년산이 즐비하다. 그 거실이 방송에 나왔다면 사람들은 그를 양주 수입 주범으로 몰아세울지도 모른다.

그런데 그분은 대화 도중에 "자신은 밖에선 양주를 절대 마시지 않는다"라는 말을 했다. 귀가 번쩍 뜨였다. 사실 그런 집이 TV에 나온다면 보통 사람들은 그의 사치스러움을 욕할 가능성이 높다. 그리고 안에서도 발렌타인을 마시는 만큼 밖에 나가서도 고급 술집에서 비싼 양주를 마실 것으로 생각할 것이다. 그러나 그는 있는 만큼 즐기기는 하지만, 한편으로 자신만의 방식으로 절제하는 노력도 하고 있는 것이다.

사실 보통 사람들 중에도 하루 술값으로 100만 원이 넘는 돈을 쓰는 경우가 있다. 기분에 취해 값싼 양주를 마시면서도 거금을 날리는 것이다. 부자가 되기 위해서는 그런 삶에 브레이크를 걸 필요가 있다.

한편 앞서도 얘기했던 어느 분은 에쿠스 자동차를 갖고 있지만 지하철 두 정거장 정도의 거리는 무조건 걷는다. 기름값도 절약되고, 운동에도 좋기 때문이다. 주변 사람들은 그를 '노랭이'라고 놀리고, "에쿠스는 폼으로 샀다"라고 비아냥거리기도 한다. 반면에 보통 사람들 중에는 그 정도 거리를 택시를 타고 가는 사람도 있다. 걷기도 뭣하고, 그 정도면 기본주행거리인 만큼 버스보다 1,000원 더 주고 편하게 가는 것이 좋다는 생각 때문이다. 에쿠스 주인은 걷고, 보통 사람은 택시를 탄다.

사실 그분에게 기름값 몇천 원이 큰돈은 아니다. 그는 이를 통해 너무 편안해지는 자신의 삶을 절제하는 것이다. 어려웠던 시절, 버스비를 아끼기 위해 40릿길을 걸었던 과거를 잊지 않으려 노력하는 것이다.

'자수성가' 한 부자 중에는 이처럼 평범한 사람보다 더 짜게 사는 경우가 많다. 남들보다 돈이 많기에 럭셔리한 삶을 즐기면서도 웬만한 월급쟁이보다도 더 짠돌이 같은, 10원짜리 하나에도 벌벌 떠는 모습을 보이는 이들이 허다하다. 이들은 본능적으로 그런 절제력이 자신의 부를 유지시켜주는 힘이 된다는 걸 알기 때문이다.

앞서 말했던 새우젓 부자도 마찬가지다. 돈을 벌었을 때 일주일에 한끼만이라도 새우젓으로 밥을 먹었다면, 그런 절제의 마음을 잊지 않았다면 그는 다시 가난해지지 않았으리라. 이것이 바로 단터의 마지막 덕목인 절제이다.

앞서 단터의 조건으로 최소 10년간 부자의 위치에 있어야 한다고 말한 바 있다. 그 부를 유지시켜주는 것이 바로 절제다. 한순간 부자의 위치에 머무르는 것이 아닌 단터가 되기 위해선 절제가 필요한 것이다.

재벌 2세를 부러워할 필요 없는 이유

마찬가지로 부자가 3대를 못 가는 것도 절제가 가장 큰 이유다. 부모에게 재산을 물려받은 경우, 절제의 필요성을 피부로 절감하기 어렵다. 따라서 재산이 쉽게 낭비된다.

사실 절제란 고양이가 생선을 놓고 참는 것이다. 내가 힘들게 잡은 생선이라면 아끼고 아끼겠다는 마음이 든다. 그러나 그것이 내 노력과 무관하게 생긴 것이라면 아끼려는 마음은 그만큼 강하게 들지 않는다. 그래서 우리 주변에는 정말 무너지지 않을 것 같던 재벌 2세들이 몰락하는 경우도 드물지 않다.

따라서 재벌 2세가 생존하기 위해서는 마찬가지로 절제라는 영양소 습득을 위해 피나는 노력을 해야 한다. 생선을 잡는 능력은 없어도, 가지고 있으면서 참고 먹지 않는 훈련은 해야 한다. 어쩌면 그것이 잡는 것보다 더 어려울 수도 있다.

이재연 전 LG 부회장은 대림그룹의 창업주인 고 이재준 회장의 막내 동생이다. 또한 그의 부인 구자혜 씨는 LG 그룹 창업주의 차녀이다. 그야말로 잘나가던 재벌의 1.5세이거나 2세 부부다.

나이가 70이 넘어 일선에서 은퇴했지만 이들은 지금도 자신들이 만든 송파랜드라는 농원을 가꾸면서 살고 있다. 그런데 이 전 부회장은 주유소에서 사은품으로 준 목장갑을 빨아서 쓰고, 부인은 빵집에서 주는 알루미늄 포장지까지 다림질해서 쓴다고 한다. 이 같은 절제에 대한 훈련이 돼 있어야 재벌 2세도 자신의 부를 지킬 수 있다.

몇 대에 걸쳐 부를 유지한 이들이 자식교육에서 절제를 중요시했던 것 역시 같은 맥락이다. 록펠러의 경우 아이들에게 '허튼 데 돈을 쓰지 말라'라고 가르쳤다고 한다. 록펠러 2세의 뉴욕 저택에선 매주 토요일 용돈 교육시간이 있었다고 한다. 그의 여섯 자녀는 용돈기입장을 들고 한자리에 모였다. "윈(넷째 아들), 이번 주도 저축할 돈이 얼마 남지 않았구나. 존(첫째 아들)을 봐라. 허튼 데 돈을 쓰지 않고 남겨서 남은 돈으로 저축과 기부까지 하지 않았니?" 이런 식의 교육이 그 자리에서 있었다.

월마트의 샘 월턴 역시 "벌수록 절약하라"라는 교육을 자식들에게 시킨다. 워런 버핏은 한발 더 나아가 "아버지 재산에 대해 신경을 끄라"라고 가르쳤다.

우리나라의 대표적 부자인 경주 최부자집은 300년 10대에 걸쳐 만석군의 전통을 유지했다. 만석꾼은 '약 300만 평의 논밭을 가진 엄청난 부자'이다. 그런데 그 집의 가훈은 6가지 중 4가지가 절제에 관한 것이다.

첫째, 과거를 보되, 진사 이상은 하지 마라.

둘째, 재산은 만 석 이상 지니지 마라.

셋째, 과객을 후하게 대접하라.

넷째, 흉년기에는 땅을 사지 마라.

다섯째, 며느리들은 시집온 후 3년 동안 무명옷을 입어라.

여섯째, 사방 백 리 안에 굶어 죽는 사람이 없게 하라.

첫째는 권력에 대한 절제일 것이다. 사실 돈이 생기면 권력도 거머쥐고 싶은 욕심이 생긴다. 그러나 이는 곧 큰 불행을 자초할 가능성이 높다. 둘째와 넷째는 물질에 대한 절제일 것이다. 너무 많은 욕심을 내거나, 남의 불행을 빌미로 내 욕심을 채워서는 안 된다는 것이다. 다섯째는 씀씀이에 대한 절제이다. 결국 부자가 된 뒤 자식에게 가르쳐야 할 것이 바로 절제이다.

하지만 물은 아무리 막으려 해도 끊임없이 흐른다. 그래야 건강하기 때문이다. 오래 고여 있으면 썩거나 증발해서라도 사라진다.

돈도 물과 같아 늘 흐른다. 자연의 이치는 누구도 거스를 수 없다. 따라서 아무리 애를 써도 300년 이상 부자로 남는 것은 힘들다. 자수성가형 부자가 압도적인 이유도 당연히 이 때문이다.

목계 같은 부자

욕망을 절제하고 평상심 유지까지 얘기가 나오면 즉 부자가 되기 위해선 도를 닦아야 하는 것이 아닌가 하는 생각이 들 수도 있다.

그런데 세상 모든 일은 자신을 닦는 면이 있다. 부자의 길도 마찬가지로 세상에 널린 돈을 긁어모으는 것이 아닌, 내 몸을 돈이 붙을 수 있는 형태로 바꾸는 것이다. 그것이 바로 단터다.

그래서 최고의 부자는 결국 자신과의 싸움에서 이긴 사람이다. 그래서 부자의 모습을 갖춘 사람이다. 그런 사람은 언제든 돈을 벌 수 있고, 욕하는 만큼 얻을 수 있다.

그런데 그 싸움은 결코 쉽지가 않으며, 싸움의 정점에 절제가 있다. 두더지처럼 고개를 내미는 욕망, 분노, 조급함, 오만함, 기쁨 등을 다스려야 하는 것이다.

『장자』의「달생편(達生篇)」에는 목계(木鷄)에 관한 대목이 나온다. 기성자가 왕을 위해 싸움닭을 키웠다. 그런 지 열흘이 지나 왕이 물었다. "닭이 이제 싸울 수 있겠는가?" 그러자 기성자가 대답했다. "아직 안 됩니다. 지금은 허세만 부리고 교만하며 제 힘만 믿습니다."

열흘이 지나 다시 왕이 물었다. "아직 안 됩니다. 다른 닭의 울음소리를 듣거나 모습을 보면 당장 덤벼들 것처럼 합니다." 열흘이 지나 재차 묻자 이렇게 고했다. "안 됩니다. 다른 닭을 보면 노려보면서 성난 듯이 합니다."

그리고 열흘이 또 지났다. "대충 된 것 같습니다." 이번에는 왕이 궁금하여 물었다 "도대체 어떻게 된 것이냐?" 그러자 기성자는 대답했다. "싸울 닭이 소리를 질러대도 아무런 내색을 하지 않습니다. 멀리서 바라보면 나무로 만든 닭 같습니다. 싸움닭으로서 덕을 갖추었습니다. 감히 대적을 못하는 상대 닭이 도망가버립니다."

고 이병철 삼성 회장은 자신의 집 거실에 목계를 걸어놓고 마음을 경계했다고 한다. 자신의 힘, 권세, 재물을 뽐내지 않고, 허세를 부리지 않으며 평상심을 유지하는 최고 부자의 덕목을 실천하기 위해서다.

세계 최고 경영학자인 짐 콜린스는 좋은 기업을 넘어 위대한 기업으로 성장한 회사의 동력이 무엇인지를 분석한 바 있다. 그가 말한 위대한 기업은 '지속적으로 좋은 기업으로 남아 있는 한편 성과도 좋은 업체'이다.

그가 내린 결론은 바로 최고 경영자의 겸손한 태도였다. 콜린스는 "위대한 기업으로 도약한 기업의 리더들이 자신들 이야기를 얼마나 삼가는지를 보고 우리는 충격을 받았다"라며, "이들은 인터뷰 중에 우리가 끼어들지 않는 한 회사나 다른 경영진의 공헌에 대해서만 이야기했다"라고 밝혔다. 더불어 본인의 얘기를 해달라고 조르면 "저는 거물처럼 비치길 원치 않습니다"라고 말한다고 한다.

그가 이야기한 겸손은 장자의 목계를 닮았다. 감정적으로 자신을 절제하는 최고 경영자가 있는 기업이 위대한 기업이 된다는 것이다.

절제, 단터들의 저녁식사

절제는 하루 세끼 중 저녁을 닮았다. 저녁은 일이 끝난 후 가장 편히 먹는 식사다. 어찌 보면 하루를 잘 견딘 노력에 대한 보상이 저녁이다.

이런 맥락에서 저녁은 꿈을 꾸고 도전하고 노력해 뜻을 이룬 단터의 성과물이다. 한낮의 뜨거운 열기를 극복해 성공을 움켜쥔 단터에게 편안한 여유가 주어지는 것이다.

그렇다고 마음껏 즐기기만 해서는 또 안 되는 것이 저녁이다. 너무 즐기면 살이 붙고 몸이 무거워진다. 아침이나 점심이야 식사 후 일하는 동안 칼로리가 소비되지만, 저녁은 그렇지 않다. 저녁은 또 음주로 이어져 밤늦도록 술을 마시게 되고, 다음날 활동에 지장을 초래할 수 있다.

따라서 저녁은 편안히 즐겨야 하지단, 지나치면 안 된다. 즐기되 삼가야 하는 것이다. 두 가지 역설적인 것을 동시에 실천하는 것이 절제이고 저녁이다. 그래야 정말 편안한 저녁이 될 수 있다.

반면에 앞에서 살펴봤던 '신뢰'는 아침에 해당된다. 몸을 깨우는 시작이 바로 신뢰이기 때문이다. 따라서 신뢰는 출발선에 섰을 때 가장 필요한 것이다. 무언가 시작을 위해선 이미 부자가 된 이들로부터, 고객으로부터, 조직 성원으로부터 신뢰를 얻어야 한다. 그래야 힘차게 출발할 수 있다. 그래서 신뢰는 단터들이 먹는 아침과도 같은 것이다.

나아가 아침이 부실하면 하루가 고달프다. 신뢰도 마찬가지다. 사람들에게 믿음을 얻지 못하면 일이 생각만큼 쉽지 않은 경우가 많다. 그래서 아침을 꼬박꼬박 챙겨먹어야 하는 것처럼, 신뢰가 확보돼야 부자가 될 수 있는 에너지를 얻을 수 있다.

'긍정'은 뜨거운 한낮의 일상과 태양을 견뎌내는 점심이다. 사람들은 인생을 살며 수없이 많은 실패와 좌절, 고통을 겪는다. 때로는 하루에도 수십 번씩 좌절과 절망에 빠지기도 한다. 그런 고난을 견디게 해주는 것이 점심과 같은 긍정이다.

따라서 가장 든든히 먹어야 할 식사가 점심이다. 마찬가지로 긍정은 부자가 되는 데 핵심적인 역할을 한다. 긍정이 있어야 하루가 든든하다.

결국 단터는 꿈이라는 머리, 가슴이라는 도전, 근면이라는 팔다리가 모인 상태에서, 신뢰라는 아침과 긍정이라는 점심, 절제라는 저녁으로 살아가는 사람이다. 꿈, 도전, 노력이 몸을 이루는 요소라면 신뢰, 긍정, 절제는 매일 먹는 세끼 식사다.

아무리 몸이 잘 만들어졌어도 먹지 않으면 움직일 수 없다.

따라서 단(DAN)으로 만들어진 몸은 반드시 터(TOR)를 먹으며 매일의 생활을 이어가야 한다. 단은 터와 유기적 총합을 이루어 정말 움직이는 '사람'이 되는 것이다. 그 여섯 가지의 유기적 결합이 조화로운 사람은 그 출신에 상관없이 부자가 될 수 있다. 수없이 많은 부자들이 이를 보여주는 증거이다.

많이 버는 사람들의 조금 쓰는 습관

통계청 발표에 따르면 지난 2004년 4/4분기 소득수준 상위 20%에 속하는 가구의 평균 소비성향은 61.9%였다. 즉 세금 등을 내고 난 뒤에 정말 쓸 수 있는 돈 100원 가운데 62원을 썼고, 나머지 대부분은 저축했다는 것이다. 반면에 소득수준의 중간층이라고 할 수 있는 소득수준 3분위(41~60%)에 위치한 가구의 소비 성향은 83%였다. 즉 100원이 있으면 83원을 쓴 것이다. 반대로 5분위(81~100%)는 마이너스를 기록했다. 즉 빚을 내 살아가는 삶을 사는 것이다.

이에 대한 일반적인 반응은, 돈이 있는 만큼 저축을 많이 하는 것 아니겠느냐는 생각을 하는 경우가 대부분이다. 나도 그만큼 벌면 저축을 많이 할 수 있다는 주장이다. 즉 500만 원을 벌면 그 가운데 60%인 300만 원을 소비하고, 나머지는 저축할 수 있다고 믿는다. 물론 월 소득이 1,000만 원이라면 600만 원을 쓰고 400만 원은 저축할 수 있다고 볼 수 있을 것이다.

그러나 소득이 200만 원이라면 얘기가 달라진다. 그중 80%인 160만 원을 쓸 수밖에 없다고 사람들은 본다. 더 나아가 그 정도 소득 수준이라면 아이들 교육비까지 감안하면 저축은 한 푼도 할 수 없는 상

황이라고 볼 것이다.

그러나 달리 생각해보면, 원인과 결과가 정반대일 수 있다. 즉 소득의 80%를 쓰면 소득수준 41~60% 안에 들어가는 삶을 살 것이고, 60%만 쓰면 상위 20% 안에 들어가는 인생이 될 수 있는 것이다.

예컨대 소득이 200만 원일 때 허리띠를 졸라매 120만 원을 쓰고 80만 원을 저축하는 사람은 결국 소득수준 상위 20% 안에 들어가는 삶을 이룰 수 있다. 반대로 소득이 월 1,000만 원이어도 빚으로 살아간다면 그는 결국 언젠가 5분위로 떨어질 가능성이 있다.

결국 벌어야 아낄 수 있는 것이 아니고, 아껴야 버는 것이다. 이처럼 아끼기 위해선 절약하는 습관과 절제가 필요하다.

이런 맥락에서 부자가 되느냐 아니냐는 얼마나 버느냐에 의해 결정되는 것이 아니라, 얼마가 남았느냐에 의해 판가름 난다. 따라서 아무리 많이 벌어도 그 돈을 다 쓴다면 남는 것이 없고 부자가 될 수도 없다.

주식시장에는 돈 벌어본 경험이 있는 사람은 많지만 부자가 됐다는 소리는 듣기 힘들다. 많은 사람들이 돈이 벌린 듯하면 그대로 써버리는 경향이 있기 때문이다.

Share 7

나눔은 나누기가 아니라
곱하기다

"가까운 들판으로 가는 자는 세끼만 먹고 돌아와도 배가 여전하지만, 백 리를 가는 사람은 전날 밤부터 양식을 준비해야 하고, 천 리를 가는 자는 3개월 동안의 양식을 준비해야 하는 법이니, 이 두 마리 벌레들이 또한 무엇을 알겠는가? 작은 지혜는 큰 지혜에 미치지 못하고, 단명하는 이는 장수하는 이에 미치지 못한다. 어째서 그런 줄을 아는가? 아침 나절에만 사는 버섯은 그믐과 초승을 알지 못하고, 쓰르라미는 봄과 가을을 알지 못하니, 수명이 짧기 때문이다."

— 장자

나눔은 나누기가 아니라 곱하기다

살인자 노벨이 존경받는 이유

　다이너마이트를 발명한 알프레드 노벨은 사실 몹쓸 짓으로 돈을 벌었다. 발명 과정에서는 사고로 동생이 죽었다. 그의 발명품은 전쟁에서 수없이 많은 목숨을 앗아갔다. 노벨의 성공 이면에는 그런 수많은 희생이 존재했던 것이다. 거기서 멈췄다면 노벨은 살인무기 발명자로 비난받거나, 한때 큰돈을 번 인물 정도로 기억됐을 것이다. 적어도 아시아 동쪽 끝 대한민국 사람까지 기억하고 존경하는 인물이 되지는 못했을 것이다.

그러나 그는 전 재산을 기증해 노벨상을 만들었다. 그 뒤 노벨상은 전 세계 사람들 모두가 받고 싶은 영광의 아이콘이 됐고, 그는 존경받는 인물로 떠올랐다.

그가 죽어 천당에 갔는지 어떤지는 알 수 없다. 다이너마이트로 목숨을 잃은 사람들이 저승에 온 노벨을 어떤 태도로 맞이했는지도 알 길이 없다. 그러나 분명한 것은, 그가 지금도 세상에서 가장 존경받는 부자 중 한 명으로 기억되고 있다는 점이다.

빌 게이츠도 마찬가지다. 컴퓨터 운영체제를 독점하며 그는 수없이 많은 경쟁업체들을 무너뜨렸다. 자사의 우월적 지위를 이용해 사무용 오피스 프로그램과 인터넷 브라우저 시장도 삼켰다. 그의 탐욕으로 마이크로소프트 왕국은 한때 비난에 휩싸이며 공중분해 위기를 맞았다.

그때 그가 꺼낸 카드가 기부였다. 재산의 절반 이상을 공익재단에 내놓은 것이다. 그 뒤 사람들은 그를 칭송하기 시작했다. 이제 빌 게이츠는 재산 규모뿐 아니라 기부액 규모에서도 세계 1위를 한 사람으로 기억되고 있다.

진정한 단터가 되기 위해선 지금까지 살펴본 6가지 요소 외에 하나가 더 필요하다. 모은 돈을 가난한 이웃과 사회에 돌리는 일이다. 이것이 바로 나눔을 뜻하는 'S(share)'다. 이때 단터는 단터 스페셜이 된다. 단터 중의 단터가 되는 것이다. 단터

스페셜은 부자일 뿐만 아니라 자신의 부가 오랜 세월 동안 사람들의 기억과 삶 속에 남아 있도록 한다.

일주일간 아침, 점심, 저녁을 먹으며 열심히 일했다면, 일요일에는 쉬어야 한다. 마찬가지로 여섯 가지 든든한 영양소로 많이 벌었다면, 일곱째의 할 일은 나누는 것이다. 그래야 이 세상은 행운으로 가득해진다. 그래서 행운의 숫자도 7이 아닐까. 부자가 특별해지면 세상도 특별해진다.

프랑스 철학자 필립 반 덴 보슈가 쓴 『행복에 관한 10가지 철학적 성찰』에는 '낙타의 바늘구멍 통과'에 관한 이야기가 있다.

그에 따르면 예수가 살던 시대의 예루살렘에는 바늘구멍이라는 문이 있었다. 그리고 그 문은 낙타가 모든 짐을 내려놓은 뒤 바짝 엎드려야만 간신히 통과할 수 있을 정도의 크기였다고 한다. 따라서 천국에 가고자 한다면 벌었던 모든 재산을 내려놓은 뒤 겸손한 자세를 가져야만 문을 지날 수 있다는 것이 예수의 뜻이라고 프랑스 철학자는 주장한다.

백 리를 가는 사람과 천 리를 가는 사람

사실 부자가 나눔을 고민해야 하는 가장 원초적 이유는 그들 '자신' 때문이다. 나누지 않으면 부자도 생존하기 어렵다.

자본주의 시스템이 유지되는 이상 부자는 존재할 수밖에 없다. 경쟁은 늘 승자와 패자를 가르기 때문이다. 단터의 역량을 갖춘 사람은 승자일 것이고, 그렇지 않으면 패자가 된다. 전 국민의 재산을 몰수해 공평하게 5,000만분의 1씩 분배해도, 5년 뒤에는 도로 부자와 가난한 사람으로 나뉠 것이다.

그런데 불행하게도 사회에는 원천적으로 경쟁 자체를 할 수 없는 사람들이 있다. 예를 들어 소년소녀 가장 등이 여기에 속한다. 한번 패한 사람이 다시 일어설 수 있는 시스템도 마련돼야 한다. 이 일을 담당할 책임이 누군가에게 있다.

1차적 책임자는 물론 국가다. 부자가 처음 해야 할 일은 세금을 열심히 내서 정부가 이 같은 일을 할 수 있도록 돕는 것이다. 그 일조차 외면하면 부자는 사회적 지탄을 받는다.

그러나 부자의 책무가 성실 납세에만 그치면 안 된다. 국가가 할 수 있는 것에 한계가 있기 때문이다. 따라서 많이 가진 사람이 나눔을 실천함으로써 사회를 따뜻하게 해야 한다.

이는 곧 부자가 부자로서 계속 살 수 있는 길이기도 하다. 연못의 한쪽 구석이 썩기 시작하면 어느 순간 전체가 오염된다. 그러면 물 속의 물고기들은 크건 작건 똑같이 생명의 위협을 받는다. 마찬가지로 부자가 어두운 곳을 돌보지 않으면, 그 안에서는 누구도 살기 어렵다.

결국 열심히 기부하고 재산을 사회에 돌려주는 부자는 천리를 내다보고 준비하고 생활하는 사람이다. 반면에 세금만 열심히 내는 부자는 백 리만을 본다. 세금조차 내지 않는 이들은 한치 앞만을 생각하는 사람들이다.

이와 관련해 미국에서 논란이 됐던 것이 '상속세 폐지' 문제다. 특히 '감세'를 외쳤던 부시 행정부는 지난 대선에서 상속세 폐지를 공약하며 세계적 관심을 끌었다. 사과를 놓고 먹을지 말지 고민하는 아담과 이브처럼, 이후 부자들은 조심스럽지만 기대에 부풀어 이를 바라봤다.

사실 상속세 폐지는 부자들에게 너무나 삼키고 싶은 유혹일 수 있다. 이들이 내세운 상속세 폐지 근거는 두 가지다. 첫째는 상속되는 재산의 경우, 이미 세금을 다 내고 확보한 돈이라는 점이다. 즉 자식에게 준다는 이유만으로 다시 세금을 부과하는 것은 이중과세라는 말이다. 나아가 열심히 일해 많이 벌면 자식들도 부자로 살 수 있다는 생각이 사람들의 근로 의욕을 높일 수 있다고 주장한다.

우리나라의 경우 미국과는 또 다른 문제로 이에 대한 관심이 높았다. 바로 대기업들의 경영권 승계 문제다. 상속세나 증여세를 제대로 내고서는 기업 경영권을 자식들에게 물려주기 어렵기 때문이다. 예컨대 1,000억 원어치의 주식을 자식에게 물려준 뒤 이것의 절반 가까이를 세금으로 내면 경영권의 안정적인 승계는 힘들다. 그래서 각종 편법이 동원되기도 한다.

그런데 상속세 폐지를 기대하던 '보통' 부자들을 흔들어 깨운 사람은 역설적이게도 '최고' 부자들이었다. 빌 게이츠가 대표적이고, 그에 이어 미국의 둘째 가는 갑부이자 '오마하의 현인'이라는 칭송까지 받는 워렌 버핏도 '상속세 폐지 반대'에 동참하고 있다.

이들은 상속세 폐지가 젊은이들의 도전 정신을 약화시킬 것이고, 이는 곧 미국을 무력하게 만들 것이라고 경고한다. 즉 열심히 일한 사람이 성공하는 사회가 돼야지, 부모를 잘 만난 사람이 잘 사는 사회가 된다면 결국 시스템이 무너지고 만다는 것이다.

사실 로마에서 시작한 세계 제국의 흥망사는 이를 증명한다. 부가 세습되고 권력이 세습되며 그들만의 리그를 구축하려는 시도가 이뤄지는 사회는 결국 망한다. 지구 어디에선가 꿈을 꾸며 도전하고 노력하는 유기체가 있기 때문이다.

결국 상속세 폐지를 이야기하는 텍사스의 작은 부자 부시가 하루 세끼를 걱정하는 사람이라면, 큰 부자 빌 게이츠는 3개월의 양식 비축을 고민하는 진짜 부자라고 할 수 있다. 진짜 부자는 자신의 재산만이 아닌, 그 재산이 창출되고 유지되는 사회적 시스템을 고민한다. 더불어 그 시스템이 온전해야 나의 부가 온전히 유지될 수 있음을 이해하고 있는 부류인 것이다.

평범한 젊은 부자들, 욘족

최근 욘족(Yawn: Young And Wealthy but Normal)이라는 신조어가 등장했다. 젊은 부자로 평범한 삶을 사는 이들이 여기에 속한다. 30~40대에 부자가 됐지만 요트나 자가용 비행기 대신 자선사업에 돈을 쓴다. 본인은 가족 중심의 조용하고 평범한 삶을 추구한다. 말 그대로 푼돈의 경제학을 실천하는 부자다.

욘족의 대표적 인물이 마이크로소프트 회장 빌 게이츠이다. 세계 최고 부자지만 늘 평범한 옷차림에 햄버거를 즐긴다. 야후의 창업자인 제리 양, 이베이 공동창업자 피에르 오미디야르도 욘족의 일원이다.

'번 돈을 기부한다' 라는 점에서 이들은 단순히 짜기만 한 부자와 다르다. 짠돌이 부자가 오리지널 자린고비 스크루지 영감이라면, 욘족은 과거 현재 미래를 본 뒤 개과천선한 스크루지의 모습과 닮았다.

욘족은 돈을 버는 데서 행복을 찾는다는 점에서 딘터이다. 그런데 돈을 '잘' 쓰는 것에서 더 큰 행복을 찾기에 딘터 스페셜이다.

욘족의 등장은 물질적 풍요에 대한 가치관의 변화를 의미한다. 돈을 펑펑 쓰는 것이 곧 행복은 아니라는 사실을 깨달은 것이다. 사실 20세기에 들어와 인류는 대량생산 대량소비 시대를 맞이한 바 있다. 기술의 발달로 사람들은 그 어느 때보다 물질적 풍요를 누렸다. 그러나 그것이 그대로 행복을 보장해주지는 않았다. 행복은 쓰는 것에서 나오지 않는다. 욕망의 충족은 또 다른 욕망을 불러올 뿐, 부족한 2%는 절대 소비로 채워지지 않는 것이다.

우리의 삶의 궁극적 목적은 사실 부자가 아닌 행복이다. 행복하기 위해서 부자가 되고 싶은 것이다. 부자가 행복한 이유는 원하는 것을 할 수 있고, 원하는 만큼 즐길 수 있기 때문이다. 남들이 해볼 수 없는 여행도 갈 수 있고, 돈에 쫓기지 않고 여유 있게 살 수 있다.

그러나 더 큰 행복은 돕는 데서 나온다. 남을 도울 수 있다는 것은 무엇과도 바꿀 수 없는 행복감을 몰고 온다. 따라서 정말 행복한 부자는 남을 돕기 위해 돈을 버는 사람일 것이다.

그동안 30억 원이 넘는 돈을 기부해온 것으로 알려진 가수 김장훈 씨는 "사실 가수 활동 초기에 좋은 차도 타보고 좋은 물건도 사봤는데 마음만 더 허망해졌을 뿐, (기부에 열심인) 지금이 정말 행복하고 두려움이 없다"라고 말한다. 정작 김장훈 씨는 현재 월세 아파트에서 짠돌이처럼 살고 있으며, 내년 목표는 전셋집으로 이사하는 것이라고 한다.

행복은 소비가 아닌 나눔에서 오는 것을 느낀 것이다. 그는 기부에서 행복을 느끼기에 이것 역시 중독증을 만든다고 말한다. 그래서 행복 역시 긍정적 중독인 것이다.

노블레스 오블리주

우리 사회에서 부자에 대한 인식은 많은 변화를 겪었다. 지난 1970년대에 부자는 선망의 대상이었다. 오직 잘살아보겠다는 생각으로 가난한 농부들은 도시로 몰려왔고, 그중 일부는 실제로 부자가 됐다.

그런데 부자들은 열심히 일하기도 했지만, 한편으로 다른 사람의 노동을 착취하는 경우도 있었다. 사회적 룰이 완벽하지 않은 틈을 타 때로는 편법과 불법도 동원됐다. 부자들이 스스로 문제를 바로잡지 못하자 노동자들은 파업이라는 형태로 이를 교정한다. 그 과정에서 부자는 탐욕스런 인간으로 낙인찍히기도 한다.

2000년대에 들어서 부자는 더 이상 탐욕스러운 존재로만 인식되지는 않는다. 그들이 부자가 된 이유는 부지런히 일했고, 열심히 아꼈기 때문임이 인정되기 시작한 것이다. 부자에 대한 인식이 바뀌면서 부자를 꿈꾸는 젊은이들도 갈수록 늘어나고 있다.

그러나 우리나라의 부자는 아직 사회적으로 존경받는 위치에까지 올라서지는 못했다. 흔히 말하는 '노블리스 오블리제'가 아직 자리 잡지 못한 것이다. 열심히 일하고 아끼는 것만으로는 존경받는 부자가 될 수 없다. 사회적 책임을 다해야만 존경받는 부자가 될 수 있다.

이 대목에서 우리나라에서 가장 존경받는 기업인은 삼성을 세운 고 이병철 회장이나 현대를 세운 고 정주영 회장이 아닌, 유한양행의 고 유일한 박사라는 점을 기억할 필요가 였다. 유일한 박사는 지난 1971년 76세의 일기로 세상을 떠나면서 모든 재산을 공익재단에 기부했다. 그의 딸 유재라 씨 역시 지난 1991년 미국에서 숨을 거두며 자신의 전 재산을 내놓았다.

유한양행의 기업 규모는 삼성이나 현대에 비할 바가 아니다. 그러나 사회적 존경은 유일한 박사가 삼성이나 현대의 창업주보다 더 받는다.

우리 사회가 따뜻하고 행복해지려면 부지런히 번 돈을 사회에 돌려주는 부자가 많아야 할 것이다.

부자가 늘어나는 한편으로, 양극화가 심해지면서 사회의 더러운 곳이 늘고 갈등도 심해지고 있다. 특히 연못의 크기가 작을수록 이런 노력은 더 필요하다. 태평양처럼 넓은 미국에서야 일부가 썩어도 크게 문제가 안 될 수 있다. 그러나 우리처럼 작은 나라는 그렇지 않다. 못사는 사람들은 부지런하지 못했기에 가난하다거나, 난 세금만 열심히 내면 된다고 하는 생각에 머물러서는 안 될 시대가 되고 있는 것이다.

DANTOR
8
부자가 될 수밖에 없는 사람

우리 인간 누구에게나 주어지는 생애 동안 역사에 남을 훌륭한 정치가가 될 수 있고, 혁명가, 문학가, 음악가, 화가, 그리고 기업가가 될 수있다.

— 정주영

부자가 될 수밖에 없는 사람

상상 이상의 현실

　단터에 대해 관심을 갖게 된 후 발견한 재미있는 점은 부자들이 쓴 자전적 이야기 안에는 단터의 6가지 요소가 중심을 이루고 있다는 점이다. 누가 알려주지 않았어도 본능적 직관으로 '단터'가 성공의 요체임을 파악하고 실천한 사람들이 부자가 됐음을 반증하는 것이다. 단터의 영양소를 바탕으로 삶을 항해하고 실천한 이들은 학벌이 좋지 않아도, 가난한 집에서 태어났어도 부자가 된 것이다.

그 대표적 인물이 고 정주영 전 현대그룹 명예회장이다. 그는 강원도 통천의 정말 찢어지게 가난한 집에서 태어나 한국 최고의 기업을 만든 뒤 세상을 떠났다. 그래서 그는 우리나라의 대표적 기업가로 꼽힌다. 최근 동아일보가 실시한 설문조사에서도 경제 발전에 가장 큰 기여를 한 경제인으로 정 전 명예회장이 선정됐다. 정주영 회장이 쓴 책 『시련은 있어도 실패는 없다』에는 이 같은 그의 삶이 고스란히 담겨 있다. 더불어 이 책은 정주영 회장이 '단터'의 길을 걸었음을 보여주고 있다.

사실 사람들은 그를 특별한 존재로 인식한다. 그래서 성공의 비법을 그에게 묻기도 한다. 그러면 그는 쑥스럽게 "그저 목표를 갖고 도전하고 열심히 일했을 뿐, 특별한 것이 없다"라고 말했다. 그러나 그 안에 비법이 녹아 있다. 그가 말한 핵심이 바로 단터다. 그가 농사꾼의 길을 벗어나 젊은 시절 자리 잡는 과정은 말 그대로 단터의 길이었다.

꿈

정주영은 도시를 꿈꿨다. 평생 일해도 입에 풀칠하기 어려운 농촌이 아니라 끊임없이 변하고 발전하는 도시에 사는 것을 꿈꾼 것이다. 이른바 시티 드림이다.

도시에 대한 꿈을 키워준 것은 신문이었다. 당시 동네에서 유일하게 구장집이 동아일보를 보고 있었다. 그는 구장집을 드나들며 어른들이 돌려 읽고 난 그 신문을 얻어 읽었다. 당시 신문에는 춘원 이광수의 소설 『흙』이 연재되고 있었다. 그는 서울에 가서 소설에 등장하는 주인공처럼 독학으로 고시에 패스해 변호사가 되겠다는 꿈도 꾼다. 그가 세계적인 기업의 사장을 꿈꾼 것은 도시에 대한 열정과 1960~1970년대 본격화한 산업화가 맞물리면서일 것이다.

정주영은 결국 꿈에 그리던 서울로 올라와 낮에는 부기학원에 다니고 밤에는 책을 읽었다. 그가 주로 읽었던 것은 위인전. 특히 나폴레옹과 링컨을 좋아했다. 그들은 정주영에게 꿈이었다.

비슷하게 가난한 집안에서 태어나 불굴의 강인한 정신력과 용감무쌍한 투쟁력만으로 마침내 프랑스 황제가 된 나폴레옹은 그에게 무한한 희망과 용기를 북돋워주었다. 링컨 역시 마찬가지였다. 산골에서 태어나 도시로 온 배경도 그와 비슷했고, 노동을 한 것도 비슷했다. 그는 그런 위인이 되겠다고 꿈꾼다.

돈이 많지 않았기에 읽은 책을 또 읽고 또 읽었다. 위인들의 전기를 읽다가 특별히 마음에 드는 구절은 공책에 일일이 베껴

놓고서는 틈틈이 반복해 읽기를 거듭했다고 한다. 거기서 그의 꿈은 커져갔다.

도전

도시를 꿈꿨던 그가 도시를 향해 처음 탈출을 시도한 것은 보통학교를 졸업한 열네 살 때의 일이었다. 그가 처음 목표로 정한 곳은 청진이었다. 개항 공사와 제철공장 건설 공사가 한꺼번에 시작돼 노동자가 얼마든지 필요하다는 기사가 동아일보에 대문짝만 하게 났기 때문이다. 그러나 그는 청진에 도착해보지도 못하고 아버지에게 붙잡혀 고향으로 돌아온다.

그는 그렇게 무려 네 번의 가출을 시도한다. 세 번은 모두 아버지에게 붙잡혀 고향으로 되돌아온다. 아버지는 장손인 그가 고향땅을 지켜줄 것을 매번 눈물로 호소한다. 그러나 이미 도시를 꿈꾸기 시작한 그는 농촌에서 살 수가 없었다.

네 번째 도전에서 그는 드디어 서울에 자리를 잡는다. 그의 도전은 그렇게 시작됐으며, 평생을 이어간다.

건설업을 통해 자리를 잡은 그가 울산의 허허벌판에 조선소를 세운다고 나섰을 때의 일이다. 세계의 전문가들은 당시 지구촌의 조선 용량이 엄청나게 남는 나쁜 상황이어서 현대는 성공할 수 없다고 말했다. 사실 논리적으로나 학문적 계수로는 분명 안 될 일이고, 못 할 일이었다.

당시 우리나라에서 가장 존경받는 경제학자였던 경제 부총리도 정주영을 불러 현대조선소가 성공하면 자기 열 손가락에 불을 붙이고 하늘로 올라가겠다며, 절대로 불가능하다고 장담했다.

그러나 오늘날 현대조선소는 세계 제일의 조선소가 됐다. 그는 그렇게 남들이 불가능하다고 조소하는 일에 늘 도전해 현대라는 거대 기업을 일궈냈다.

부지런함

서울에 올라온 그는 닥치는 대로 일을 한다. 인천 부두 하역 일에서부터 남의 이삿짐 져 나르기 등, 돈이 생기는 일이라면 가리지 않았다. 그러면서 점차 조금씩 좋은 일을 찾아갈 수 있게 됐다.

그러다가 그는 복흥상회라는 쌀 소매상 배달원이 된다. 하루 세끼 먹여주고 쌀 반 가마니를 월급으로 받는 조건이었다.

비로소 안정된 직장다운 직장을 잡은 것이다.

거기서 그의 부지런함은 더욱 빛을 발한다. 점원이 된 후 그는 사흘 밤을 새우다시피 하면서 자전거 타기 연습을 했다. 부지런히 기술을 익힌 덕택에 그는 얼마 안 돼 유일하게 쌀 두 가마를 한꺼번에 실어 배달할 수 있는 사람이 된다.

더불어 매일 새벽 누구보다 일찍 일어나 가게 앞을 깨끗이 쓸고, 물까지 뿌려놓곤 했다. 게으른 아들에게 신물이 난 주인은 몸 안 사리고 열심히 배달하고, 깨끗이 쓸고 치우는 그를 매우 흡족해 했다. 그래서 그는 쌀을 파는 사람들 사이에서 '정주영은 성실한 젊은이'라는 평판을 얻는다.

사실 부지런함은 그의 첫째 가는 평생 자본이자 재산이었다. 그가 건설업에서 성공할 수 있었던 것도 이런 부지런함 덕택이 크다. 건설의 경우 시간이 곧 돈이다. 남들보다 부지런히 일해 공사 기간을 줄이면 남는 것이 많다. 그는 공사현장에서 24시간 일하는 부지런함으로 공사 기간을 줄여 주변 사람들을 깜짝 놀라게 한다. 그런 그의 부지런함은 신뢰도 향상으로 이어진다.

신뢰

복흥상회에서 부지런함을 바탕으로 열심히 일해 쌓은 신뢰는 결국 그만큼의 보상으로 돌아온다. 4년간 일했을 즈음 주인이 엄청난 제안을 한다. 만주까지 돌아다니며 가산을 탕진하는 외아들의 난봉이 심해지자 정주영에게 쌀가게를 넘겨받으라고 한 것이다.

그는 나이 22살에 쌀가게 주인이 된다. 정주영이 인수한 후 가게는 더 번창했다. 그를 신뢰한 기존 거래선에 덧붙여 부지런히 개척한 신규 고객이 더해졌기 때문이다. 아무 문제가 없었다면 그는 미곡상으로 대성했을 것이다. 그런데 일제가 전시체제령을 내리며 쌀 배급제가 실시돼 쌀가게가 모두 문을 닫는다.

시련일 수도 있지만, 그는 그 안에서 성공의 달콤함을 경험한다. 그런 경험을 바탕으로 그는 새로운 사업에 도전하는데, 바로 자동차 수리 공장이었다. 신뢰는 새로운 사업을 시작할 때도 큰 도움이 된다. 평소 알고 지내던 정미소 주인이 아무런 보증 없이 신용으로 선뜻 3,500원을 빌려준 것이다. 그는 그 돈을 바탕으로 자동차 수리공장을 인수하고 본격적인 사업을 시작한다.

긍정

그러나 자동차 정비소 인수를 위한 계약금을 치른 얼마 후, 직공의 실수로 화재가 발생해 공장은 물론 손님들 자동차까지 모두 화재로 타버린다. 빚을 지고 세운 공장이 빚더미에 파묻혀버린 것이다.

정주영은 시작도 하기 전에 고꾸라졌다. 그러나 그는 그 자리에서 다시 시작한다. 장애란 넘으라고 있는 것이지 엎어지라는 것이 아니라는 생각이 그를 버티게 한다.

우선 정미소 사장을 다시 찾는다. 단 한 번도 담보 없이 돈을 빌려준 적이 없던 정미소 사장은 그에게만은 아무 담보 없이 다시 3,500원을 빌려준다. 쌀가게 4년간 쌓은 신뢰가 다시 빛을 발하는 순간이었다.

그런데 넘어졌을 때 다시 일어서는 긍정적 마인드를 그에게 키워줬던 것은 '빈대'였다. 이전에 그가 인천 부두에서 막노동을 할 때, 그곳에는 빈대가 극성이었다. 하루는 빈대를 피해 밥상 위에 올라가 자기 시작했는데, 잠깐 뜸한가 싶더니 빈대들은 이내 밥상 다리 위로 올라왔다.

다시 머리를 써서 상다리 네 개에 물 담은 양재기를 담가놓고 잤다. 빈대가 밥상 다리를 타려다 양재기 물에 익사하게 하자는 묘안이었다.

쾌재를 부르며 편안히 잔 것이 하루나 이틀쯤이었을까. 빈대가 다시 물어뜯기 시작했다. 불을 켜고 도대체 빈대들이 무슨 방법으로 양재기 굴을 피해 올라왔나 봤더니, 기가 막힐 일이었다. 빈대들이 사방의 벽을 타고 천정으로 올라간 다음, 사람을 목표로 뚝 떨어져 목적을 달성하고 있는 것이 아닌가. 그는 어려운 지경에 이를 때마다 '하물며 빈대도 길을 찾는데 사람이 못 할 일은 없다' 라는 생각을 했다고 한다.

이렇게 형성된 그의 긍정적 생각은 불가능해 보이는 일을 가능하게 만들기도 했다. 1952년 12월 휴전 직전의 일이다. 유엔군은 엄동설한에 묘지를 파랗게 단장해줄 수 없느냐는 기상천외한 주문을 한다. 참으로 난감한 공사였다.

그런데 그는 안 된다고 포기하는 대신 방법을 찾았다. 그리고 공사비를 넉넉히 받아낸 뒤 낙동강 보리밭을 통째로 사 파란 보리 포기들을 떠다 심었다. 그는 "시련은 있어도 실패는 없다"라며, "운이 나쁘다고 생각하지 않는 한 나쁜 운은 없다"라고 말한다.

절제

우리나라를 대표하는 재벌 현대의 정주영 회장도 춘추복 한 벌로 4계절을 버텼다. 겨울이면 추위를 견디기 위해 내복을 입고 양복을 입었다. 나아가 굽을 갈아가면서 구두 한 켤레로 20년을 살았다고 한다. 그의 집 역시 재벌 집이라고 보기에는 딱할 정도로 옛날 가구로 가득차 있었다고 한다.

그의 부인 고 변중석 여사 역시 마찬가지였다. 고인은 남편이 사준 자동차를 집에 두고 도매시장에 나가 채소나 잡화를 사서 용달차에 싣고 돌아오곤 했다.

집에서는 언제나 통바지 차림이어서, 손님이 오면 주인아주머니를 따로 찾을 정도였다고 한다. 최근 보도에 따르면 변여사는 동네 미용실에서 잘 풀어지지 않는 막파마를 즐겼다고 한다.

그러나 브레이크 밟기가 늘 성공적이지만은 않았다. 대표적인 실패가 아마도 지난 1992년 대통령 선거 출마라고 할 수 있다.

시련은 없어도 실패는 없다는 모토 아래 도전했지만 그는 참패했다. 대한민국 1위 자리를 삼성에 내준 것도 이 즈음이다. 정치인이 경제인을 괴롭힌다는 생각을 했어도 그는 참았어야 하지 않았을까. 브레이크를 밟는 것은 쉽지 않다. 그래서 브레이크를 밟는 일은 예술인 것이다.

| 에 필 로 그 |

눈은 가슴 속으로

어느 한 분이 빈민가 아이들에게 '삶'에 대한 강의를 했다고 한다. 강의 도중에 그분은 아이들을 향해 "여기서 부자가 될 수 있다고 믿는 사람?"이라는 질문을 했다. 60명의 아이들 중 오직 한 명만이 손을 들었다.

이들이 늘 본 것은 주변의 가난이다. 봤던 것이 가난한 삶이기에 자신도 당연히 그럴 것이라 생각했을 것이다. 더구나 삶에 비관적이고 패배의식이 가득한 문화에 내던져진 경우도 많다.

사실 사람 눈은 밖으로 나 있다. 그래서 늘 안보다는 밖을 본다. 그리고 밖에 보이는 모든 것이 나의 어제와 오늘, 그리고 미래를 정한다고 생각한다.

그러나 꿈을 꾸는 것도, 도전하는 것도, 부지런히 노력하는 것도 '나'다. 더불어 신뢰를 확보하는 일, 삶을 긍정하는 일,

절제하는 일도 모두 나의 몫이다. 그 모든 걸 실천하면 행운은 저절로 따르게 되고 부자가 될 수 있다.

따라서 눈을 안으로 떠야 한다. 내면의 능력을 깨워야 하는 것이다. 내 꿈이 무엇인지 이해하고, 부자가 되기 위해 무엇이 필요한지 고민하고 실천해야 한다. 결국 부자가 되는 길은 이를 실천하는 나 자신과의 싸움이다.

나의 눈이 내면을 바라보기 시작하면 필요한 것을 만들 수 있는 에너지가 생겨난다. 가슴에 용기가 부족하다면 머리와 손발이 이를 채우기 위해 안간힘을 다할 것이다. 손발의 힘이 떨어진다면 머리와 가슴을 중심으로 난관을 헤쳐 나갈 방법을 찾는다.

사람들 앞에 당당한 부자가 되기 위해서는, 남을 도울 수 있는 풍족한 삶을 만들기 위해서는 먼저 고독하게 나 자신을 바라봐야 한다. 그러면서 부자가 되기 위한 필수 영양소를 몸 속에 채워야 한다. 그것이 바로 단터다.

하나가 열을 통한다

단터의 6가지 요소를 한꺼번에 키우는 것이 부담일 수도 있다. 하나도 어려운데 6가지를 동시에 실천하는 것은 불가능하게 느껴지기도 한다.

이를 해결하는 방법은, 하나를 통해 여섯에 다가가는 것이다. 예컨대 꿈에서 시작해 다른 요소로 확장하는 길을 택할 수 있다. 이를 위해선 우선 꿈을 꾸어야 한다.

성공한 내 모습을 상상하고, 거기에 가기 위해 무엇을 해야 하는지 꼽아보는 일에서 출발한다. 목표를 적어 매일 아침 읽어보고, 출근 시간 지하철 안에서 이를 달성한 내 모습을 상상한다. 꿈은 달콤하지만 이룰 수 없는 현실이 때로는 고통으로 다가온다. 그러나 꿈을 꾸면 길이 보이고, 그 길을 가기 위해 부지런히 무언가 준비하려는 자세가 생긴다. 물론 노력 없이 꿈을 이루려는 태도는 경계해야 한다.

도전에서 출발하는 것도 방법이다. 끊임없이 미지의 세계를 탐험하는 것이다. 몰랐던 곳을 가보고, 안 갔던 식당에서 밥을 먹는다. 또 안 해봤던 일에 관심을 갖고, 나와는 다른 삶의 목소리에도 귀를 기울인다. 그러다보면 나조차 몰랐던 '내 안의 나'를 발견하게 된다.

친구가 아르바이트하는 백화점에 따라갔다가, 우연치 않게 친구를 거들어 물건을 판다. 그러면서 자신이 세일즈에 능력이 있음을 발견한 사람도 있다. 몰랐던 관심 분야가 생기면서 그는 꿈이 생겼고, 지금은 이를 이루려고 노력하고 있다.

가끔 한 가지 일을 수십 년간 해온 분과 대화를 하다가 전혀 다른 분야의 이야기를 물을 때가 있다. 예컨대 20년간 구두닦이를 한 분에게 정치나 주식 이야기를 물어보는 것이다. 그러면 가끔 20년간 정치를 하거나 증권계에 있던 사람이라는 착각이 들 정도로 깜짝 놀랄 만한 심오한 대답을 한다. 한 곳에서 경지에 오르면 다른 곳의 경지가 어떤지 알게 되는 것이다.

예컨대 오대산 정상에 오른 사람과 설악산 중턱까지 오른 사람이 있다고 치자. 설악산에 대해서라면 그 산 중턱까지 오른 사람이 더 잘 알 수도 있다. 그러나 설악산의 정상이 주는 감흥에 대해서라면, 오대산 정상에 오른 이가 더 잘 알 수도 있다.

6가지 요소 중 한 가지가 충만해지면 나머지가 어떤 느낌일지 가슴 속에 다가온다. 하나를 채우면 나머지도 채우고 싶은 욕심이 솟아나고, 때로는 저절로 채워지기도 하는 것이다.

부자들의 상상력

초판 인쇄 | 2008년 3월 21일
초판 발행 | 2008년 4월 1일

지은이 | 장순욱
펴낸이 | 심만수
펴낸곳 | (주)살림출판사
출판등록 | 1989년 11월 1일 제9-210호

주소 | 413-756 경기도 파주시 교하읍 문발리 파주출판도시 522-2
전화 | 영업부 031)955-1350 기획편집부 031)955-1386
팩스 | 031)955-1355
이메일 | salleem@chol.com
홈페이지 | http://www.sallimbooks.com

ISBN 978-89-522-0859-0 03320

* 잘못된 책은 구입하신 서점에서 바꾸어 드립니다.
* 저자와의 협의에 의해 인지를 생략합니다.

책임편집 · 교정 | 이보화

값 11,000원

살림Biz는 (주)살림출판사의 경제 · 경영 전문 브랜드입니다.